Sicherheit und Verteidigung der Schweiz

Tabus brechen, Lösungen wagen

Herstellung und Verlag:
BoD – Books on Demand, Norderstedt

Titel der Originalausgabe: Sécurité et défense de la Suisse.
Casser des tabous, oser les solutions
© 2020, Éditions Favre SA, Lausanne, Schweiz

Übersetzung aus dem Französischen: Peter Hug
© der deutschsprachigen Ausgabe: Pierre-Alain Fridez

ISBN : 978-3-7519-8169-9

Umschlag: Dynamic19

Pierre-Alain Fridez

Sicherheit und Verteidigung der Schweiz

Tabus brechen, Lösungen wagen

Vorwort

Den Grabenkrieg überwinden

Seit der Gründung der modernen Schweiz im Jahre 1848 ist unser Land glücklicherweise von Krieg verschont geblieben. Unser Land entkam auch den beiden Weltkriegen, die Europa total verwüstet hatten. Die Schweizer Armee wurde zwar zweimal mobilisiert, musste jedoch die «Feuerprobe» nicht bestehen. Diese aussergewöhnliche historische Gegebenheit macht die Debatte über militärische Angelegenheiten daher immer etwas theoretisch. Die politische Diskussion hat naturgemäss die Tendenz, sich nur auf einer symbolischen Ebene zu bewegen. Dies birgt die Gefahr, dass sicherheitspolitische Überlegungen auf eine Summe von Klischees reduziert werden.

Auf der rechten Seite des «Schützengrabens» nehmen Militärapparat und bürgerliche Parteien für sich in Anspruch, ein Monopol auf Patriotismus zu haben. Jedem Armeebudget wird ohne fundierte Prüfung zugestimmt, jede Infragestellung gewisser Rüstungsausgaben wird als antipatriotischer Akt betrachtet. Als jüngstes Beispiel ist das Ansinnen der rechten Seite zu nennen, den Zugang zum Zivildienst einzuschränken. Erfreulicherweise hat der Nationalrat diese fragwürdigen neuen Zulassungshürden abgelehnt. Nach wie vor sind die Reflexe des Kalten Krieges aber stark ausgeprägt.

Auf der linken Seite des Grabens haben sich die Militärkritischen jedoch ebenso verschanzt. Mit Hilfe von Volksinitiativen, manchmal auch Referenden, gelingt es ihnen zwar, die Institution Armee etwas zu destabilisieren. Je nach internationaler Lage und oft ungeschicktem Verhalten des Militärapparats, sind sie damit auch mehr oder weniger erfolgreich. Vom denkwürdigen und unerwartet guten Ergebnis der Armeeabschaffungs-Initiative von 1989, welche 36% der Stimmen erhielt, haben sich die armeekritischen Kreise paradoxerweise aber nie richtig emanzipieren können.

Nationalrat Pierre-Alain Fridez, der seit 2011 Mitglied der Sicherheitspolitischen Kommission des Nationalrats ist, hat sehr schnell realisiert, wie festgefahren die Debatte ist. Als pragmatischer Sozialdemokrat wagte er es, die eigentliche Schlüsselfrage zu formulieren: «Welches ist die relevante Sicherheitspolitik, die das Verteidigungsdepartement verfolgen sollte, um der Schweiz im aktuellen geostrategischen Kontext tatsächlich zu dienen?»

Um dieser Frage nachzugehen, beginnt der Autor zuerst mit einer Analyse der Sicherheits- und Friedensprobleme auf internationaler Ebene. Anschliessend untersucht er die Politik, die in diesem Bereich in Europa verfolgt wird. Der Autor fasst die Risiken für die Schweiz zusammen und zeigt mögliche politische und militärische Antworten darauf auf. Diese führen schliesslich zu einer umfassenden Strategie zur Gewährleistung der Sicherheit der Schweiz.

Ich schätze es sehr, wie mein Kommissionskollege Pierre-Alain Fridez einem schonungslos die Augen öffnet. Bei beiden Lagern stellt er alles tabulos in Frage. Auf der linken Seite schafft er gängige Denkschemen ab, indem er erklärt, dass es tatsächlich eine Sicherheitsbedrohung gibt, die politische, strategische und militärische Vorbereitung und Reaktionen erfordert. Auf der rechten Seite entlarvt er die Diskrepanz zwischen den gewählten Verteidigungsmitteln und den realistischen Gefahren. Es lässt sich nämlich feststellen, dass die Risikobeurteilung im Wesentlichen so aufgebaut ist, dass die gegenwärtige Struktur der Armee dadurch gerechtfertigt wird und unverändert beibehalten werden kann.

Natürlich können und sollen die Thesen von Pierre-Alain Fridez diskutiert, in Frage gestellt und vielleicht auch widerlegt werden. Aber der Hauptverdienst seiner Ausführungen besteht darin, dass er all diejenigen, die ihn kritisieren, zu einer eigenständigen Analyse zwingt. Dies mit der Verpflichtung, diese mit Fakten statt mit blossen Überzeugungen zu unterlegen. Gerade für die demokratiepolitische Debatte ist diese Übung sehr wirksam. Ich möchte dem Autor darum für seinen wertvollen Beitrag danken.

Priska Seiler Graf, Nationalrätin, Zürich

Einleitung

Welches sind die Sicherheitsrisiken, die der Schweiz drohen? Dies ist eine komplexe Frage, die offensichtlich voller Unbekannte ist, die aber dennoch vernünftige Antworten erfordert, um die notwendigerweise begrenzten finanziellen Mittel im Hinblick auf budgetär Unvorhergesehenes bestmöglich einzusetzen. Kann unser Land morgen mit einem konventionellen Krieg mit einem seiner Nachbarn oder einem anderen möglichen Eindringling konfrontiert werden? Oder sollten wir anderswo nach den tatsächlichen Risiken suchen, die unsere Sicherheit bedrohen?

Die Antworten auf diese Fragen sollten uns in die Lage versetzen, Art und Umfang der Mittel zu bestimmen, die einzusetzen sind, um auf glaubwürdige Sicherheitsherausforderungen, die unser Land betreffen könnten, in der am besten geeigneten Weise zu reagieren. In diesem Punkt gehen die Meinungen auseinander. Die Linke steht den regelmässigen Entscheidungen der Mehrheit der politischen Klasse unseres Landes nach wie vor sehr kritisch gegenüber. Diese betrachtet das Risiko einer konventionellen Aggression durch eine fremde feindliche Macht gegen die Schweiz nach wie vor als ihre bevorzugte Hypothese und strebt die Aufrechterhaltung einer beträchtlichen Streitmacht an, die in der Lage ist, das Land in einem traditionellen symmetrischen Konflikt mit einem seiner Nachbarn zu verteidigen. Eben hat die Mehrheit im Parlament beschlossen, im Rahmen des Rüstungsprogramms 2020 für Hunderte von Millionen alte Panzer zu reparieren und riesige Munitionsvorräte weiter aufzustocken, und hofft, neue Hochleistungs-Kampfflugzeuge für 6 Milliarden Franken zu erwerben.

Auf der Grundlage historischer, geopolitischer und strategischer Argumente und einer Analyse der glaubwürdigen Sicherheitsrisiken, denen unser Land ausgesetzt sein könnte, zielen die in diesem Buch vorgeschlagenen

Überlegungen darauf ab, eine neue Reihenfolge der Prioritäten vorzuschlagen, um logisch und wirksam auf die Sicherheitsherausforderungen von heute und morgen zu reagieren. Verschiedene Reisen in jüngster Zeit in das ehemalige Jugoslawien (Serbien, Montenegro, Kosovo, Bosnien und Herzegowina) und nach Osteuropa, insbesondere in das Reich der ehemaligen Sowjetunion (Republik Moldau bis an die Grenzen Transnistriens, Georgien, Armenien, Aserbaidschan, Ukraine, Belarus und Kirgisistan), hauptsächlich im Zusammenhang mit Wahlbeobachtungen im Rahmen des Europarates, sowie die Debatten in Strassburg über die Lage in der Ukraine und der Türkei haben meine Überlegungen bereichert.

Für die Linke ist es nicht immer leicht, diese Sicherheitsfragen anzusprechen. Es ist ein Thema, das gerne tabuisiert wird, da Armee und Polizei für einige Progressive blosse Repressionskräfte im Dienste der etablierten bürgerlichen Ordnung sind. Vielleicht entwickelt sich aber eine neue Diskussion, denn es lässt sich schwerlich leugnen, dass sich die Dinge geändert haben. Angesichts einer potenziell gewalttätigen Welt bildet es eine Aufgabe der Regierenden eines Staates, seine Bürger und Bürgerinnen zu schützen. **Sicherheit ist ein Grundrecht**.

Zunächst geht es darum, ein Inventar der plausiblen Risiken zu erstellen, denen die Schweiz in Zukunft ausgesetzt sein könnte. Diese Arbeit befasst sich deshalb nacheinander mit dem aktuellen geopolitischen Kontext in Europa, der Entwicklung der Rüstung und atomaren Abschreckung, den Veränderungen in der Art der Kriegführung, den Sicherheitsrisiken, die die Schweiz betreffen könnten, und der Entwicklung unserer Armee seit dem Zweiten Weltkrieg bis heute. Ziel ist es, **einen pragmatischen und fortschrittlichen Konzeptvorschlag für eine neue Verteidigungspolitik der Schweiz zu erarbeiten**.

Dieses Konzept möchte dazu beitragen, die Reflexion über Sicherheits- und Verteidigungsfragen, insbesondere innerhalb der Linken und der Sozialdemokratischen Partei, zu bereichern. Dieser Text erhebt nicht den Anspruch, alle Themen im Zusammenhang mit Sicherheitsfragen erschöpfend zu behandeln. Namentlich sei darauf hingewiesen, dass ergänzende Themen wie **Fragen der kollektiven Sicherheit, der menschlichen Sicherheit oder präventive Massnahmen** im Konzept *Sicherheit durch internationale Zusammenarbeit* der SP-Fachkommission für Frieden und Sicherheit eingehend behandelt werden.

Dieses Buch wurde in zwei Teilen geschrieben. Die erste Version, die 2017 erstellt wurde, richtete sich an die Sozialdemokratische Fraktion in der Bundesversammlung als Beitrag zur Entwicklung eines verteidigungspolitischen Konzepts. Dieses Konzept, das die Fraktion 2018 verabschiedet hat, findet sich im Anhang 3 zu diesem Buch. Es beruht teilweise auf meinen Vorschlägen. Dieses Buch ist eine vervollständigte und aktualisierte Fassung. Neu ist unter anderem Anhang 2 zur Beschaffung neuer Kampfflugzeuge sowie bessere und kostengünstigere Alternativen. Das Buch zielt darauf ab, der Bundesversammlung dazu die Gedanken und Positionen der Sozialdemokratischen Fraktion vorzustellen. Auch die Acamar-Studie, welche die Fraktion bei Experten zur Frage der Luftverteidigung in Auftrag gegeben hat, wird zusammengefasst. Dieses Buch ist als Basislektüre für alle Aktivisten und Aktivistinnen sowie all jene gedacht, die sich weitergehend informieren und kritisch über die Frage der Beschaffung neuer Kampfflugzeuge nachdenken und allgemein über die schweizerische Verteidigungspolitik vertieft informieren möchten.

Man könnte sicherlich zu Recht die Legitimität eines Hausarztes in Frage stellen, sich zu geostrategischen Fragen zu äussern, kompromisslos in Mode gekommene militärische Optionen zu prüfen und eine Neuausrichtung unserer Armee und neue Prioritäten für unser Land in Bezug auf die Verteidigung und die Ressourcenverteilung vor Ort vorzuschlagen – ein ehemaliger Füsilier, der seinen Wehrdienst in vollem Umfang erfüllt hat, zugegebenermassen ohne Ruhm und Rang. Aber um eine scheinbar unantastbare Institution aufzurütteln und etwas zu bewegen, kann ein frischer Blick von Vorteil sein. Die unnachgiebigen Verteidiger der heutigen Armee klammern sich an Mythen wie das angebliche Heldentum des Landes im letzten Krieg, seine scheinbar unantastbare Neutralität, die Bedrohungen der Vergangenheit oder die Vorstellung, unser Land und seine Unabhängigkeit könne verteidigt werden, ohne sich auf andere verlassen zu müssen. Wie lädt man einen Offizier ein, sich für Neues zu öffnen und seine Gedanken auf solche Denkweisen zu stützen?

Zusammenfassend lässt sich sagen, dass dieses Buch zur Debatte über das Thema Armee und Landesverteidigung innerhalb der Sozialdemokratischen Partei und der Linken im Allgemeinen beitragen will. Und in unmittelbarer Zukunft kann es eine Quelle von Informationen und Argumenten im Hinblick auf die Kampagne sein, die sich gegen die Beschaffung neuer Luxus-Kampfflugzeuge wendet.

Mein aufrichtiger Dank gilt Peter Hug, dem Politischen Sekretär der Sozialdemokratischen Fraktion in der Bundesversammlung, für seine fundierten Ratschläge und sachdienlichen Bemerkungen. Er besorgte auch die Übersetzung ins Deutsche und aktualisierte einige Abschnitte. Ich möchte auch Roger Nordmann, dem Vorsitzenden der Sozialdemokratischen Fraktion in der Bundesversammlung, für seine unermüdliche Unterstützung bei diesem Projekt danken.

Kapitel 1

Der geopolitische Kontext in Europa

In der zweiten Hälfte des 20. Jahrhunderts hat sich die Welt tiefgreifend verändert. Während sie nach dem Zweiten Weltkrieg vier Jahrzehnte lang entsprechend den Wechselfällen des Kalten Krieges geteilt war, wurde das Ende des Jahrhunderts durch den Niedergang der kommunistischen Welt, die Globalisierung der Wirtschaft und den Aufstieg der Schwellenländer geprägt. Gleichzeitig wurde der erklärte Wille der internationalen Gemeinschaft deutlich, eine Welt des Friedens aufzubauen.

So suchten die Europäer als Reaktion auf den mörderischen Wahnsinn und die Katastrophen des 20. Jahrhunderts einen neuen Weg. Sie bauten – teilweise in Partnerschaft mit den Vereinigten Staaten – eine neue Weltordnung auf, die dazu beitragen sollte, dass sich solche Schrecken nicht wiederholen. Sie nahmen die Option wahr, miteinander leben zu lernen, zusammenzuarbeiten, sich auszutauschen, gemeinsam zu verteidigen, im Grunde genommen die Voraussetzungen für einen dauerhaften Frieden zu schaffen, und zwar durch die Schaffung verschiedener Organisationen, die eine militärisch, die andere politisch, aber alle zielten darauf ab, Frieden und gegenseitige Hilfe zusammenzubringen, zu sichern und zu fördern.

Es lohnt sich, ein wenig bei diesen verschiedenen Organisationen zu verweilen, denn obwohl sich die Schweiz nur in einigen von ihnen engagiert, bleibt die Tatsache bestehen, dass diese Initiativen die geopolitische Lage in Europa tiefgreifend verändert und in der Tat die objektiven Voraussetzungen für mehr Frieden auf dem Kontinent und damit mehr Sicherheit für unser Land geschaffen haben.

1.1 Ein Bündnis für militärische Sicherheit: die NATO

Das grundlegende Ziel der NATO besteht darin, Freiheit und Sicherheit aller ihrer Mitglieder mit politischen und militärischen Mitteln zu gewährleisten. Die Organisation beschreibt ihre Handlungsmöglichkeiten wie folgt:

- **Politische Mittel**: Die NATO ist bestrebt, demokratische Werte und die Zusammenarbeit in Verteidigungs- und Sicherheitsfragen zu fördern, um ein sichereres Umfeld zu gewährleisten und so langfristig zur Konfliktverhütung beizutragen.

- **Militärische Mittel**: Die NATO setzt sich für die friedliche Beilegung von Streitigkeiten ein. Aber wenn die diplomatischen Bemühungen scheitern, verfügt sie über die militärischen Fähigkeiten, um Krisenbewältigungsoperationen durchzuführen. Diese werden auf der Grundlage von Artikel 5 des Washingtoner Vertrags – dem Gründungsvertrag der NATO – oder auf der Grundlage eines UN-Mandats von der NATO allein oder in Zusammenarbeit mit anderen Staaten oder Organisationen durchgeführt.

In Artikel 5 des Vertrags von Washington heisst es: «Die Parteien vereinbaren, dass ein bewaffneter Angriff gegen eine oder mehrere von ihnen in Europa oder Nordamerika als ein Angriff gegen sie alle angesehen werden wird». Es sei darauf hingewiesen, dass ein NATO-Beschluss Ausdruck des kollektiven Willens aller 30 Mitglieder ist, da alle Beschlüsse im Konsens gefasst werden.

Heute stellt die NATO eine beachtliche militärische Streitmacht dar: mehr als das Dreifache an aktiven Soldaten als die russische Armee sowie eine weit überlegene konventionelle Bewaffnung. Nur auf dem Gebiet der Atomstreitkräfte kann Russland mit den NATO-Streitkräften konkurrieren. Die NATO ist schrittweise gewachsen. Es lohnt sich, an ihre Entwicklung und vor allem an ihre Erweiterung zu erinnern, um die Macht, den Einflussbereich und die militärischen Mittel dieser Organisation voll zu würdigen. Sie setzte sich 1949 aus den Vereinigten Staaten, Belgien, Dänemark, Frankreich, Grossbritannien, Island, Italien, Kanada, Luxemburg, den Niederlanden, Norwegen und Portugal zusammen und wurde 1951 um Griechenland und die Türkei, 1955 um die Bundesrepublik Deutschland und 1982 um Spanien erweitert.

Aus der Bedrohung durch die Sowjetunion heraus entstanden, löste der Fall der Berliner Mauer innerhalb der NATO natürlich eine grosse Debatte über die Frage ihrer Nützlichkeit und Zukunft aus. Auf dem Brüsseler Gipfeltreffen im Januar 1994 beschlossen die Mitgliedstaaten, mit der Schaffung der **Partnerschaft für den Frieden** Drittstaaten die Möglichkeit einer projektbezogenen Zusammenarbeit anzubieten und so zur Förderung des Friedens beizutragen. Diese Partnerschaft entsprach der Schaffung eines zweiten Kreises der NATO. Mit dem Instrument der Interoperabilität dehnte die NATO ihren Einflussbereich nach Osten weiter aus. Die Partnerschaft für den Frieden diente einigen Staaten zudem als Vorzimmer für den Beitritt: Polen, die Tschechische Republik und Ungarn traten der NATO im Jahr 1999, Estland, Lettland und Litauen sowie Bulgarien, Rumänien, die Slowakei und Slowenien im Jahr 2004, Albanien und Kroatien im Jahr 2009, Montenegro im Jahr 2017 und Nordmazedonien im Jahr 2020 bei.

Die wenig verpflichtende Struktur der Partnerschaft für den Frieden erleichtert eine erweiterte Zusammenarbeit und Annäherung an Nichtmitgliedstaaten. Laut den Erwägungen des Brüsseler Gipfels arbeiten die Teilnehmerstaaten konkret hin «auf Transparenz der Verteidigungshaushalte, die Förderung demokratischer Kontrolle der Verteidigungsministerien, gemeinsame Planung, gemeinsame militärische Übungen und den Aufbau einer Fähigkeit, mit NATO-Streitkräften zusammenzuwirken, in Bereichen wie Friedenswahrung, Such- und Rettungsdienst sowie humanitären und anderen eventuell zu vereinbarenden Operationen.»

Gemäss dem Eidgenössischen Departement für auswärtige Angelegenheiten (EDA) ist die Partnerschaft für den Frieden ein flexibles Instrument der Zusammenarbeit zwischen der NATO und ihren Partnern. Einige traten der NATO formell bei, weitere rund 20 Staaten aus Ost- und Südosteuropa, dem Südkaukasus, Zentralasien und Westeuropa blieben Mitglied der Partnerschaft. Die Schweiz trat am 11. Dezember 1996 bei und steht nun neben den neutralen europäischen Ländern – Österreich, Finnland, Irland und Schweden – sowie Armenien, Aserbaidschan, Bosnien und Herzegowina, Georgien, Malta, Moldawien, Serbien, Ukraine und den verschiedenen zentralasiatischen Republiken (Kasachstan, Kirgisistan, Tadschikistan, Turkmenistan und Usbekistan). Selbst Russland trat am 22. Juni 1994 bei – doch dazu später mehr. Die Schweiz spielt in der Partnerschaft eine aktive Rolle, vorab im Bereich der Friedensförderung.

Das erste Kapitel dieses Buches befasst sich mit der NATO, und das mag überraschen. Es ist jedoch kein Zufall, und das Buch wird sich oft auf die grösste Verteidigungsorganisation der Welt beziehen. Denn die besondere geografische Lage der Schweiz, die sich glücklicherweise inmitten des europäischen Dispositivs der NATO befindet, hat einen tiefgreifenden Einfluss auf die Sicherheit unseres Landes. Jede pragmatische Reflexion über ein Verteidigungskonzept für die Schweiz kann nicht auf eine objektive Analyse dessen verzichten, was diese besondere Lage für die Schweiz bedeuten kann oder soll.

Doch welche Zukunft hat die NATO?

Im Dezember 2019 berichtete die Presse über wenig schmeichelhafte Kommentare der Grossen der Welt. Zum Beispiel Emmanuel Macron: «Die NATO ist hirntot». Oder Donald Trump: «Die NATO, eine veraltete, überholte Organisation».

Die NATO, das mächtigste Instrument der Sicherheitszusammenarbeit in der westlichen Welt, entstand nach dem Prager Putsch vom 22. Februar 1948 (die tschechoslowakische Kommunistische Partei übernahm dank der

Unterstützung der UdSSR die Macht) und der ein Jahre langen sowjetischen Blockade der westlichen besetzten Sektoren in Berlin ab Frühjahr 1948[1] – beides Gründungsakte des Kalten Krieges. Für die Vereinigten Staaten bildete die Gründung der NATO die Abkehr von der Monroe-Doktrin aus dem Jahr 1823. Sie war nach einem amerikanischen Präsidenten benannt, der als diplomatische und militärische Regel die «Nichteinmischung» der Vereinigten Staaten in europäische Konflikte sowie ein weltweites Ende der Kolonialpolitik einführte. Dazu gehörte die an die Europäer gerichtete Forderung, sich nicht mehr um die Angelegenheiten der Neuen Welt zu kümmern. «Für die Europäer der alte Kontinent, für die Amerikaner die Neue Welt», sagte er 1823 vor dem Kongress.[2] Die beiden amerikanischen Interventionen im Ersten und Zweiten Weltkrieg wurden durch die Umstände erzwungen, namentlich den Angriff auf Pearl Harbor durch japanische Streitkräfte am 7. Dezember 1941. Damals ging es um ein durchdachtes und entschlossenes Vorgehen – eine Premiere.

Die sowjetische Bedrohung bildete lange die einzige Begründung der NATO. Mit dem Fall der Berliner Mauer stürzte die NATO deshalb in eine Identitätskrise. In der Folge rechtfertigten neue Bedrohungen diese wichtigste politisch-militärische Verteidigungsorganisation: der Flächenbrand im ehemaligen Jugoslawien, der durch die Gräben zwischen den verschiedenen Gemeinschaften verursacht wurde, der Dschihadismus und der islamische Extremismus nach dem 11. September 2001 oder die Destabilisierung Libyens nach dem arabischen Frühling.

Die Bedrohung durch die Streitkräfte des Warschauer Paktes schweisste die NATO-Mitgliedstaaten zusammen. Heute existiert nichts dergleichen mehr. Und einige Mitglieder des Bündnisses zögern nicht, den Alleingang zu wagen: Die Türkei marschiert in Syrien ein, um die Kurden anzugreifen,

---

[1] SATGE, Vincent et LAURENT, Jean-Marc : *Conflictualités modernes et postures de défense.* Paris, La documentation Française, 2018.

[2] ZAJEC, Olivier : *Introduction à l'analyse géopolitique : Histoire, outils, méthodes.* Monaco, Éditions du Rocher, 2016.

die de facto Verbündete des Westens und der NATO sind und vor allem während des Krieges gegen den IS an vorderster Front standen; Donald Trump zieht seine Truppen über Nacht aus Syrien ab, ohne seine Verbündeten zu konsultieren, mit schrecklichen humanitären Folgen und einem erneuten Aufflammen des syrischen Konflikts.

Die Vereinigten Staaten tragen am meisten zum Bündnis bei und haben bei weitem dessen grösste militärische Streitmacht. In den letzten Jahren versuchten sie aber, ihre strategischen Prioritäten in den Fernen Osten zu verlagern, um den chinesischen Expansionismus einzudämmen. Diese angekündigte Wende hat Europa seit langem beunruhigt. Die einzige Alternative zur NATO bestünde für die Europäer im Aufbau eines Europas der Verteidigung, ein alter Traum, aber bis heute ein Traum. Zudem ist die Interdependenz zwischen der EU und NATO hervorzuheben: Nach dem Entscheid Grossbritanniens, die EU zu verlassen, sind 21 Länder gleichzeitig Mitglied beider Bündnisse. Die einzigen Länder, die Mitglieder der EU und nicht der NATO sind, waren Irland, Österreich, Finnland und Schweden – allesamt neutrale Länder – sowie Zypern und Malta. Die NATO schützt eine Milliarde Menschen, und **paradoxerweise ist es Wladimir Putin, welcher der grosse Retter der NATO sein könnte**. Seine arrogante Politik, die Rückkehr Russlands in das Konzert der grossen Nationen und die russische Wiederaufrüstung tragen dazu bei, dass die Vereinigten Staaten – wenn auch in reduziertem Ausmass – an der europäischen Front engagiert bleiben und weiterhin ihren Schutzschirm aufspannen. Die Debatte über das grosse Geld und eine Erhöhung der Militärausgaben auf die berühmten 2% des BIP wird weitergehen; die US-Regierung will, dass die Europäer mehr für ihre Verteidigung tun.

Damit dürfte sich morgen und übermorgen im geostrategischen Umfeld der Schweiz nichts ändern.

1.2 Grundlagen der Europäischen Union

Angesichts der historischen Feindschaft zwischen Frankreich und Deutschland (Krieg 1870/71, Erster und Zweiter Weltkrieg) ging es den Vordenkern der Europäischen Union darum, Grundlagen für eine Zusammenarbeit zwischen den wichtigsten Staaten Westeuropas, insbesondere zwischen Frankreich und Deutschland, zu schaffen. Die Anfänge dieses neuen Europas wurden 1951 mit der Gründung der Europäischen Gemeinschaft für Kohle und Stahl geschaffen. Es war kein Zufall, dass die damaligen Verantwortlichen beschlossen, ihre erste Zusammenarbeit in diesem Industriebereich zu beginnen, da dieser die Voraussetzung für jede grössere Rüstungspolitik bildete.

Im Jahr 1957 verstärkten Belgien, die Bundesrepublik, Frankreich, Italien, Luxemburg und die Niederlande ihre Zusammenarbeit durch die Gründung der Europäischen Wirtschaftsgemeinschaft (EWG) und die Unterzeichnung der Römer Verträge, dem Gründungstext der Europäischen Union. 1973 wurde die EWG um das Vereinigte Königreich, Irland und Dänemark und 1981 um Griechenland erweitert. 1986 waren Spanien und Portugal an der Reihe. Es sei darauf hingewiesen, dass die EWG durch die Aufnahme Griechenlands, Spaniens und Portugals die demokratische Konsolidierung von Staaten ermöglichte, die aus Zeiten der Diktatur hervorgegangen sind.

Nach dem Vertrag von Maastricht wurde die EWG 1992 zur Europäischen Union. Es folgte der Beitritt Österreichs, Finnlands und Schwedens im Jahr 1995 und 2004 jener von Estland, Lettland, Litauen, Malta, Polen, die Slowakei, Slowenien, die Tschechische Republik, Ungarn und Zypern, 2007 von Bulgarien und Rumänien sowie 2013 von Kroatien.

Seit der Unterzeichnung des Vertrags von Lissabon verfügt die Europäische Union über eine Beistands- und Solidaritätsklausel. In Artikel 42-7 heisst es: «Im Falle eines bewaffneten Angriffs auf das Hoheitsgebiet eines

Mitgliedstaats schulden die anderen Mitgliedstaaten ihm alle in ihrer Macht stehende Hilfe und Unterstützung».

Dahinter steht ein Konzept, das mit dem der NATO vergleichbar ist, aber ohne die militärische Organisation. Das Europa der Verteidigung konnte trotz mehrerer Versuche nie verwirklicht werden. Zuerst hatten einige Mitgliedstaaten, namentlich Frankreich, Angst vor einer übermässigen Aufrüstung Deutschlands, dann verlangsamte der Einwand, die NATO dürfe nicht verdoppelt werden, den Prozess. Heute gibt es darüber ausgehend von der deutsch-französischen Zusammenarbeit im Bereich der Verteidigung eine neue Debatte.

1.3   Gründung des Europarates

Er stammt aus dem Jahr 1949, und bis heute umfasst der Europarat alle europäischen Länder bis zum Kaspischen Meer und Aserbaidschan, einschliesslich Russlands und der Türkei (mit Ausnahme von Belarus, das immer noch die Todesstrafe anwendet, was mit der Mitgliedschaft unvereinbar ist – eine rote Linie). Alle 47 Mitgliedstaaten haben die Europäische Menschenrechtskonvention ratifiziert und es wird von ihnen erwartet, dass sie die Entscheidungen des Europäischen Gerichtshofs für Menschenrechte anerkennen und umsetzen, der die strikte Anwendung der Konvention gewährleistet. **Der Europarat will ein führendes Forum für die Verteidigung der Menschenrechte und zur Stärkung von Rechtsstaatlichkeit und Demokratie sein.**

In den 60 Jahren seines Bestehens hat der Europarat mehr als 200 Chartas und Konventionen ausgearbeitet, die er den Mitgliedstaaten zur Unterzeichnung vorschlug. Die Themen sind vielfältig und zum grössten Teil wichtig: Zu dieser beeindruckenden Liste gehören Übereinkommen über Rechtshilfe in Strafsachen, gegen Doping, zur Verhütung von Folter und unmenschlicher oder erniedrigender Behandlung oder Strafe, gegen Korruption, über Cyberkriminalität, zur Bekämpfung des Terrorismus, zur Bekämpfung des Menschenhandels, zur Vermeidung von Staatenlosigkeit, zur Verhütung und Bekämpfung von Gewalt gegen Frauen und häuslicher Gewalt oder gegen den Handel mit menschlichen Organen. Nicht zu vergessen die wichtige **Europäische Sozialcharta**, welcher die Schweiz als einer der ganz wenigen Mitgliedstaaten des Europarats nie beigetreten ist.

Die Europäische Sozialcharta ist eine Konvention des Europarates, die 1961 unterzeichnet und 1996 revidiert wurde und wirtschaftliche, soziale und kulturelle Rechte garantiert, die in der Europäischen Menschenrechtskonvention nicht garantiert sind. Sie verfolgt zwei Ziele: Erstens schützt sie 19 soziale und wirtschaftliche Grundrechte (z.B. das Recht auf Arbeit, das Streikrecht, das Recht auf Sozialversicherung, den Schutz von Müttern und ihren Kindern, das Recht auf Gesundheitsschutz, das Recht auf soziale und medizinische Hilfe, das Recht von Menschen mit Behinderungen auf Unabhängigkeit, soziale Integration und Teilnahme am Gemeinschaftsleben), und zweitens fördert sie die Entwicklung einer wirksamen Sozialpolitik in Europa.[3]

Der Europarat ist bestrebt, die wesentlichen Werte – Achtung der Menschenrechte, der Rechtsstaatlichkeit und der Demokratie – in den Mitgliedstaaten zu fördern und ebenso in den Partnerstaaten, die seine Arbeit als Beobachter begleiten, wie Jordanien und Marokko. Ihre jüngsten Mitglieder, derzeit hauptsächlich Staaten aus Osteuropa, dem ehemaligen Jugoslawien und dem ehemaligen Sowjetimperium, unterziehen sich seit einigen Jahren einem Überwachungsverfahren, das auf regelmässigen Berichten und der Beobachtung ihrer Wahlverfahren beruht, um ihre Fortschritte bei der Umsetzung der Europäischen Menschenrechtskonvention zu bewerten und die Achtung der Grundrechte, der Demokratie und der Rechtsstaatlichkeit in diesen Ländern zu gewährleisten.

Einige nationale Delegationen nutzen das Forum des Europarates für innenpolitische Zwecke oder um einen mehr oder weniger eingefrorenen

---

[3] Informationsplattform humanrights.ch.

Konflikt mit einem Nachbarstaat bekannt zu machen. Der Europarat ist mit solchen Auseinandersetzungen konfrontiert, so im Zusammenhang mit dem Konflikt in der Ukraine (die russische Delegation ist gerade nach vierjähriger Abwesenheit wieder in die Parlamentarische Versammlung eingetreten), dem Konflikt zwischen Armenien und Aserbaidschan und dem populistischen, autoritären und islamisch-konservativen Abdriften von Präsident Erdogan in der Türkei. Die Frage, Kosovo als Beobachter in den Rat aufzunehmen, könnte noch einige Diskussionen mit der serbischen Delegation auslösen. Darüber hinaus schärften die Korruptionsvorwürfe vor einigen Jahren in der Versammlung das Bewusstsein. Klare Bemühungen um mehr Transparenz und die Vermeidung von Interessenkonflikten waren die Folge. Der Brexit dürfte die aktive Mitwirkung des Vereinigten Königreichs im Europarat nicht beeinflussen. Die Briten verliessen nicht Europa, sondern die Europäische Union.

1.4 Errichtung der Organisation für Sicherheit und Zusammenarbeit in Europa (OSZE)

Die OSZE ist mit 57 Mitgliedstaaten in Nordamerika, Asien und Europa (darunter der Schweiz) die grösste regionale Sicherheitsorganisation der Welt. Sie setzt sich im Sinne der UNO für die Förderung von Frieden, Demokratie und Zusammenarbeit ein. Sie ist kein Militärbündnis.

Der Sicherheitsansatz der OSZE umfasst drei Dimensionen: die politisch-militärische, die wirtschaftlich-ökologische und die menschliche Dimension. Ihre Tätigkeit umfasst ein breites Spektrum von Sicherheitsfragen, von der Konfliktverhütung über die Förderung der Achtung der Menschenrechte und Grundfreiheiten bis hin zu einer harmonischen wirtschaftlichen Entwicklung und der nachhaltigen Nutzung natürlicher Ressourcen.

Die Konferenz über Sicherheit und Zusammenarbeit in Europa (KSZE), aus der später die OSZE hervorging, wurde Mitte der 1970er Jahre gegründet und diente während des Kalten Krieges als wichtiges Forum für

Dialog und Verhandlungen zwischen Ost und West. Die teilnehmenden Staaten geniessen einen gleichberechtigten Status und fassen ihre Beschlüsse einstimmig.

Mit **der Charta von Paris für ein neues Europa** schuf die OSZE 1992 Institutionen für die Zusammenarbeit und legte Richtlinien für die Bildung einer Gemeinschaft freier und demokratischer Staaten von Vancouver bis Wladiwostok fest. Unter Einbezug der Anliegen von jedem Mitgliedstaat bildet die Charta von Paris in einem beispielhaft unparteiischen Geist den Höhepunkt mehrerer Dokumente, die trotz der Rückschritte seit der Annexion der Krim den Grundpfeiler jeder weiteren Sicherheitszusammenarbeit in Europa darstellen: Das Wiener Dokument über vertrauens- und sicherheitsbildende Massnahmen von 1992, der Vertrag über den «Offenen Himmel», der Vertrag über konventionelle Streitkräfte in Europa und die Abschliessende Akte der Verhandlungen über Personalstärken der konventionellen Streitkräfte in Europa. Seitdem verfügen wir über eine zuvor nie dagewesene Transparenz hinsichtlich der militärische «Geographie» in Europa, einschliesslich Russland und die übrigen Länder der ehemaligen UdSSR.

1.5   Die Vereinten Nationen

Die aus den Trümmern des Zweiten Weltkriegs hervorgegangene UNO hat ein kollektives Sicherheitssystem geschaffen, das auf dem Grundsatz der Unparteilichkeit und der Berücksichtigung der Interessen von allen Beteiligten beruht. Im Gegensatz zur NATO sind alle Staaten miteingeschlossen, keiner ist ausgeschlossen. Dieses Prinzip der Universalität ist gleichzeitig Stärke und Schwäche der UNO. Dank ihrer Universalität sind allein die Vereinten Nationen in der Lage, neue internationale Normen zu schaffen und durchzusetzen, die unerlässlich sind, um weltweit Frieden und Sicherheit voranzubringen. Denn allein die Macht des Rechts begrenzt jene der Mächtigen.

Die Handlungsfelder der UNO sind weitläufig:
- Aufrechterhaltung des Friedens und der internationalen Sicherheit
- Schutz der Menschenrechte und der menschlichen Sicherheit
- Bereitstellung von humanitärer Hilfe
- Förderung der nachhaltigen Entwicklung
- Gewährleistung und Weiterentwicklung des Völkerrechts.

Die Vereinten Nationen sind seit ihrer Gründung eine führende antifaschistische und antirassistische Kraft und haben in den 1950er Jahren die Entkolonialisierung in der Welt und seit den 1960er Jahren die Entwicklungszusammenarbeit organisiert. Nach dem Ende des Kalten Krieges spielten die Vereinten Nationen eine wesentliche Rolle bei der Schaffung von Frieden und Sicherheit in der Welt. Der Sicherheitsrat verabschiedete mehr als 2500 Resolutionen, und die UNO beschloss zahlreiche Friedensmissionen in der ganzen Welt mit der Entsendung von internationalen Truppen (den Blauhelmen), die sich zwischen die Kriegsparteien stellen: 60 Missionen konnten beendet werden, 15 sind noch am Laufen, darunter zwischen Israel, den besetzten palästinensischen Gebieten und den Nachbarstaaten, um auf den Golanhöhen und im Südlibanon die Einhaltung des Waffenstillstands zu überwachen, in Kaschmir, Zypern, in der Westsahara, im Kosovo, im Sudan und im Südsudan, in der Demokratischen Republik Kongo, in Mali, in der Zentralafrikanischen Republik und auf Haiti. Zu den laufenden Operationen unter UNO-Mandat gehören die KFOR seit 1999 im Kosovo, an der sich die Schweiz mit Swisscoy beteiligt, die internationale Sicherheitstruppe in Afghanistan seit 2001, die multinationale Stabilisierungstruppe in Bosnien und Herzegowina, eine Mission der Afrikanischen Union in Somalia sowie der Militäreinsatz einer internationalen Koalition in Libyen gestützt auf die Resolution 1973 zum Schutz der Zivilbevölkerung des UNO-Sicherheitsrates vom März 2011.

Die nach der Auflösung der Sowjetunion vorherrschende geopolitische Lage ermöglichte es den Vereinten Nationen, ihren Werkzeugkasten für den Frieden zu erweitern: 1992 mit der Boutros-Ghali-Agenda für den

Frieden, 1994 mit dem Bericht über die menschliche Sicherheit des Entwicklungsprogramms der Vereinten Nationen (UNDP), 2000 mit der Resolution 1325 «Frauen, Frieden und Sicherheit» und kürzlich mit dem Ziel 16 der Agenda 2030 zur Verringerung aller Formen von Gewalt, für friedliche und inklusive Gesellschaften und gute Regierungsführung. Diese verschiedenen Initiativen sind Teil eines breit angelegten Programms zur Bekämpfung organisierter Gewalt und zur Stärkung der menschlichen Sicherheit. Natürlich ist vieles nicht einfach. Die Welt durchlebt regelmässig Krisen und Turbulenzen. Und es ist offensichtlich, dass die Wirksamkeit der UNO unter ihrem «begrenzten Betrieb» leidet, der wegen des Vetorechts der Grossmächte im Sicherheitsrat regelmässig zu Blockaden führt. Das ist vermutlich der Preis, den man für die Ausrichtung an der Universalität bezahlen muss. Und all dies ändert nichts daran, dass das System der kollektiven Sicherheit der UNO Krieg und Gewalt in einem Ausmass geächtet und eingedämmt hat wie dies bisher noch nie in der Geschichte der Fall war.

Die Schweiz wünscht sich deshalb eine Fortführung und Stärkung der UNO-Tätigkeit für die Verhütung und Lösung von Konflikten. Und ihre eigene Rolle innerhalb der Organisation wird in Zukunft noch zunehmen, wenn sie wie geplant in den Jahren 2023/24 als Mitglied am Tisch des Uno-Sicherheitsrats mitwirkt und damit die grundlegende Rolle des Multilateralismus für Frieden und Sicherheit in Erinnerung ruft.

Kapitel 2

Herrscht in Europa Frieden?

Nach den Tragödien des Zweiten Weltkrieges, die den Kontinent in Schutt und Asche legten, erlebte Europa eine lange Periode des Friedens, des Wohlstands und einer bemerkenswerten wirtschaftlichen Entwicklung. Aus militärischer und strategischer Sicht begann diese Periode mit der Teilung Europas in zwei Blöcke und einer latent drohenden Konfrontation zwischen dem Westen einerseits und der Sowjetunion und ihren Satellitenstaaten des Warschauer Paktes andererseits. Der berüchtigte **Kalte Krieg** schuf die politischen Voraussetzungen für die Entwicklung von Atomstreitkräften, eine Aufrüstung mit erschreckendem Zerstörungspotential, die rasch masslose Ausmasse annahm und die verschiedenen Protagonisten dazu zwang, ihre jeweilige Doktrin soweit anzupassen, dass der Einsatz von Atomwaffen geregelt werden konnte. Diese Doktrinen entwickelten sich allmählich zum Konzept der **atomaren Abschreckung** weiter. Es birgt das grosse Risiko, jederzeit in den kollektiven Selbstmord schlittern zu können. Dennoch behaupten bis heute einige, die Eskalation im nuklearen Bereich habe faktisch die Grundlage für einen dauerhaften bewaffneten Frieden zwischen den wichtigsten Grossmächten gelegt.

Die bipolare Welt endete 1989. Der Zusammenbruch der kommunistischen Welt führte zur Auflösung der Sowjetunion und des Warschauer Paktes. Die Erschütterungen dieser geopolitischen Umwälzungen sind bis heute spürbar und liegen am Ursprung vieler Konflikte, die Europa in den letzten 30 Jahren heimgesucht haben, so die Brandherde im ehemaligen Jugoslawien oder, in jüngerer Zeit, der Konflikt in der Ukraine.

Nach dem Untergang der Sowjetunion traten die meisten Staaten des ehemaligen Warschauer Pakts der NATO und der Europäischen Union bei. Dieser Beitrittsprozess wurde durch ihre tief verwurzelte Angst vor dem grossen Nachbarn Russland genährt, eine Angst, die ihren Ursprung in schmerzhaften Ereignissen hat, welche die osteuropäische Geschichte kennzeichnen. Es sei an die auf Stalins Befehl ausgelöste Hungersnot in der Ukraine zwischen 1932 und 1933 erinnert, die Millionen von Toten forderte, an die gewaltsame Niederschlagung des Budapester Aufstands 1956 sowie des Prager Frühlings 1968 oder an die Kundgebungen in den Werften von Danzig in Polen 1970. Den Beitritt vollzog die DDR durch die Wiedervereinigung mit der Bundesrepublik. Es folgten gestützt auf den ausgeprägten Willen der jeweiligen Bevölkerungen Polen, die Tschechoslowakei, die sich friedlich in zwei neue Staaten teilte, die Tschechische Republik und die Slowakei, Ungarn, Rumänien, Bulgarien und die baltischen Staaten Estland, Lettland und Litauen. Andere Mitgliedsländer der ehemaligen UdSSR erlangten ihre Unabhängigkeit, auch wenn einige in der russischen Einflusszone blieben: Belarus, Ukraine, Moldau, Georgien (mit Interesse an einer EU- und NATO-Mitgliedschaft), Armenien, Aserbaidschan, Kasachstan, Turkmenistan, Usbekistan, Tadschikistan und Kirgisistan.

Diese geopolitischen Hinweise, die fast einer anderen Epoche anzugehören scheinen, haben für die Verteidigungspolitik der Schweiz nach wie vor einen grossen Einfluss. Das VBS und die Armeeleitung nehmen die Ereignisse im ehemaligen Jugoslawien vor mehr als 25 Jahren, jene in Georgien, insbesondere in Südossetien im Jahr 2008 oder jüngst in der Ukraine im Jahr 2014 regelmässig zum Vorwand, um eine verstärkte Aufrüstung unseres Landes zu fordern, indem sie die Wirksamkeit und Ernsthaftigkeit der von unseren Nachbarn ergriffenen Massnahmen zur Erhaltung des Friedens auf dem europäischen Kontinent in Frage stellen.

Die verschiedenen Konflikte, die einzelne Regionen Europas in den letzten Jahrzehnten erfahren haben, stehen im Zusammenhang mit

dem Zerfall der Sowjetunion und der kommunistischen Welt. Denn dieser Zerfall brachte lange unter dem Deckel gehaltene Unabhängigkeits- oder Autonomiebestrebungen von Regionen und Völkern zum Vorschein, denen die Geschichte Grenzen und fremde Mächte aufgezwungen hatte, die nicht ihren Wünschen entsprachen, und deren Aufrechterhaltung aus demokratischer Sicht sicher diskutabel ist.

Ein Beispiel ist das **ehemalige Jugoslawien**. Schon immer machte dieses Land stürmische Zeiten durch und musste viele Eroberungen über sich ergehen lassen. Die Vielfalt seiner Bevölkerung ist Ausdruck aufeinanderfolgender Besetzungen, und seit langer Zeit ist dieses Gebiet eine instabile Zone mit grossen Spannungen. Nach dem Zweiten Weltkrieg gelang es der Kommunistischen Partei und Präsident Tito, den unter ihrer Autorität stehenden Völkern ihre Macht mit eiserner Faust aufzuzwingen. Das Land war als föderalistischer Bundesstaat organisiert und bestand aus sechs Republiken: Slowenien, Kroatien, Bosnien und Herzegowina, Serbien, Montenegro und Mazedonien; dazu kamen die beiden autonomen Provinzen Vojvodina und Kosovo. Diese Gebietsorganisation wurde durch die Koexistenz von drei Hauptreligionen überlagert: den römisch-katholischen Christen, den orthodoxen Christen und den Muslimen. Da keine dieser Republiken – mit Ausnahme vielleicht von Slowenien – eine homogene Bevölkerung hatte, glich Jugoslawien einem Mosaik von meist kleinräumigen Siedlungsgebieten verschiedenster Minderheiten. Doch nach dem Tod von Tito und dem Zerfall der kommunistischen Macht konnte nichts mehr das Erstarken der Nationalismen und des Hasses verhindern. Schreckliche Konflikte flammten auf, die das Land in den 90er Jahren zerrissen.[4]

Noch heute hat sich die Lage nicht vollständig normalisiert, auch wenn man das Ende des Tunnels zumindest erahnen kann. Die meisten der neuen, aus dem Zusammenbruch des ehemaligen Jugoslawiens hervorgegangenen Staaten haben sich stabilisiert, und was den wichtigsten verbleibenden

---

[4] VAISSE, Maurice : *Relations internationales depuis 1945*. Paris, Armand Colin, 2015.

Streit in der Region zwischen Kosovo und Serbien betrifft, so könnte die Lösung über ihren gemeinsamen Wunsch nach einem Beitritt zur Europäischen Union erreicht werden. Ein Wunsch, der rasch die Voraussetzungen für eine Befriedung schaffen könnte, müssen doch Länder, die bei der EU ein Beitrittsgesuch stellen, gewisse Kriterien erfüllen, darunter die Achtung ihrer Minderheiten und Anerkennung der Nachbarn. Vorerst ist dies Zukunftsmusik, und damit bleibt der Einsatz der KFOR und des Schweizer Kontingents, der Swisscoy, vor Ort dringend erforderlich, könnte doch der Kosovo im Falle eines Rückzugs der Friedenstruppen erneut in Aufruhr geraten.

2.1 Sicherheit in Europa: Jüngste Entwicklungen und Spannungsfelder

Die Lage in Jugoslawien beruhigte sich dank dem Eingreifen der internationalen Gemeinschaft, der Bombardierung Serbiens durch NATO-Streitkräfte und der nachfolgenden Stationierung militärischer Interventionskräfte vor Ort. Diese sind im Kosovo und in geringerem Umfang in Bosnien und Herzegowina zwar immer noch präsent. Derzeit beschränken sich die von Spannungen und Bedrohungen betroffenen Gebiete in Europa aber auf Regionen am Rand der neuen Grenzen, die Russland in der turbulenten Zeit nach dem Fall der Berliner Mauer geerbt hat.

Nach dem Ende des Kalten Krieges traten also die meisten ost- und mitteleuropäischen Länder der Europäischen Union und der NATO bei. Boris Jelzins Russland versuchte zwar, sich diesem Erweiterungsprozess, insbesondere dem der NATO, entgegenzustellen oder ihn zumindest zu verlangsamen. Da Russland für den Westen keine Bedrohung mehr darstellte, war für Präsident Jelzin der Fortbestand der NATO nicht mehr gerechtfertigt. Oder aber mit Russland als Vollmitglied, jedoch mit einem Sonderstatus für sein Land in der NATO, einer Art Vetorecht. Da er sich nicht durchsetzen konnte, entschied er sich, um seinen guten Willen zu zeigen, für einen Beitritt Russlands zur «Partnerschaft für den Frieden». Doch die «guten» Beziehungen zwischen Russland und der NATO verschlechterten sich ab 1999 nachdem eine internationale Militärkoalition im Kosovo gegen Serbien interveniert war.[5]

Russland ist zu Beginn dieses Jahrtausends neu erwacht, noch etwas verschlafen, mit neuen Grenzen und einem stark eingeschränkten Einflussbereich. Die frühere Pufferzone ist im Westen weitgehend unter westlichen und transatlantischen Einfluss geraten oder hat sich an der Süd- und Ostfront für die Unabhängigkeit entschieden. Russland sah sich mit einer völlig neuen geostrategischen Lage konfrontiert: ein gedemütigtes Land, eine Bevölkerung mit vielen Ressentiments, und als «Krönung» eine taumelnde Wirtschaft. Ein Kontext, der populistische Reden begünstigt, die an vergangene Grösse und die angebliche Notwendigkeit erinnern, diese wiederzugewinnen... Das Schicksal von Putin war vorgezeichnet, er konnte seinen Aufstieg an die Macht mit dem programmatischen Anspruch organisieren, mit dem neuen Russland an die frühere Grösse anzuknüpfen.

Nach seiner Machtübernahme im Jahr 2000 bestand Putins erste Priorität darin, die Strukturen des Staates wieder aufzubauen und zu stabilisieren, indem er jeden Versuch eines Dissens brutal unterdrückte. Dies war die Zeit der Kriege in Tschetschenien. Angesichts des Vorrückens der NATO und des fortgeschrittenen Zerfalls der russischen Streitkräfte rüstet Russland seit 2007 kräftig auf. Heute strebt Russland an, einer der Pole einer multipolaren Welt zu werden und seinen Platz als Weltmacht zurückzugewinnen. Es geht also darum, die amerikanische Hegemonie herauszufordern. Tatsächlich steht Putin als ultimativer Stratege kurz davor, sein Land wieder auf das geopolitische Schachbrett der Welt zu setzen. Russland ist heute Schiedsrichter des syrischen Konflikts; es hat es geschafft, das bestehende brutale Regime zu retten und die langjährige strategische Präsenz Russlands im Land zu sichern. Russland versucht, in Afrika Fuss zu fassen, schickt Söldner nach Libyen und Militärberater in die Zentral-afrikanische Republik oder nach Mosambik, exportiert Waffen, investiert in die lokale

---

[5] KEMPF, Olivier: *L'OTAN au XXIe siècle*. Paris, Éditions du Rocher, 2014.

Wirtschaft oder in den Rohstoffmarkt verschiedener Länder des afrikanischen Kontinents.

Die Beweggründe für Russlands strategische und militärische Verteidigungsdoktrin sind vielfältig:[6, 7]

1) Die Wiederherstellung der früheren Macht, um ein schlecht verarbeitetes Gefühl des Niedergangs auszugleichen.

2) Ein Nationalismus, der sich durch die Rückbesinnung auf die spirituellen (orthodoxen) Werte, Traditionen, Kultur und Geschichte des russischen Volkes ausdrückt.

3) Ein Gefühl der Bedrohung, für welches das russische Volk in einer instabilen, potenziell bedrohlichen Welt empfänglich ist.

4) Der feste Wille, die Kontrolle über die unmittelbar an Russland angrenzenden Länder – seine traditionelle Einflusszone – zu behalten (das, was Russland nach der Ausdehnung des Einflussbereichs der Europäischen Union und vor allem der NATO faktisch noch bleibt), und die russischsprachige Bevölkerung in diesen Ländern (Belarus, Ukraine, Republik Moldau und Transnistrien, Abchasien und Südossetien gegenüber Georgien) zu unterstützen.

Zur grimmigen Entschlossenheit Putins, die Kontrolle über das nahe Ausland, diese schützende Pufferzone entlang der nordeuropäischen Ebenen, zu behalten, hält Tim Marshall in seinem Buch *Gefangene der Geographie. Wenn die Geographie stärker ist als die Geschichte*[8] fest: «Vielleicht denken Sie, dass niemand vorhat, in Russland einzumarschieren, aber die Russen sehen die Dinge anders, und die Geschichte gibt ihnen Recht...» In den letzten fünfhundert Jahren erlitt Russland mehrere Invasionen aus dem Westen. Die Polen 1605, die Schweden

[6] MARIE, Jean-Jacques: *La Russie sous Poutine*. Lausanne, Payot, 2016.

[7] MARCHAND, Pascal: *La Russie par-delà le bien et le mal*. Paris, Éditions le Cavalier Bleu, 2017.

[8] MARSHALL, Tim: *Prisonniers de la Géographie. Quand la géographie est plus forte que l'histoire*. Paris, Jean-Claude Lattès, 2018.

1708, die Franzosen unter Napoleon 1812, der Krimkrieg von 1853 bis 1856, die Deutschen zweimal 1914 und 1941... Russland schaut auf die nächsten hundert Jahre und seine Geschichte zeigt, dass alles passieren kann. Hätte die Natur unwegsame Berge anstelle der Ebenen der Ukraine und Polens gesetzt, wäre die Geschichte Russlands möglicherweise anders verlaufen...

5) Beibehaltung des Zugangs zu den warmen Meeren: zum Schwarzen Meer (langfristige Pacht des ukrainischen Marinestützpunktes Sewastopol; mit der pro-europäischen Wende in der Ukraine kam es zur völkerrechtswidrigen Annexion der Krim im Jahr 2014) und zum Mittelmeer (Abkommen mit Syrien über den Zugang zum Marinestützpunkt Tartus und zum Luftwaffenstützpunkt Latakia, was den unerschütterlichen Einsatz Wladimir Putins für die syrische Diktatur erklärt).[9]

Die Gebiete der Instabilität, die heute in Europa zu erneuten Spannungen und sogar Konflikten führen können, liegen am Rande Russlands, in direkt angrenzenden Staaten, in denen ein mehr oder weniger grosser Bevölkerungsanteil Russisch spricht, eine Folge der jüngsten Vergangenheit im Sowjetreich. In seinem Buch *Russland jenseits von Gut und Böse* erklärt Pascal Marchand den Ursprung dieser Situation:[10] 1991, als sich die UdSSR auflöste, legte die Sowjetregierung fest, «die bisherigen administrativen Grenzen der ehemaligen Mitglied-staaten beizubehalten» und diese zu «Landesgrenzen zu machen». So «befanden sich 17% der ethnischen Russen der ehemaligen UdSSR in Ländern, die 1992 zum Ausland geworden waren und an der russischen Grenze oft homogene Siedlungsgebiete bildeten». Darunter waren echte russische Staatsangehörige, ehemalige Emigranten, die nun gegen ihren Willen die Nation wechseln mussten. Hinzu kommen die Nostalgiker des alten Systems.

---

[9] ZAJEC, Olivier : *Introduction à l'analyse géopolitique : Histoire, outils, méthodes.* Monaco, Éditions du Rocher, 2016.

[10] MARCHAND, Pascal : *La Russie par-delà le bien et le mal.* Paris, Éditions Le Cavalier Bleu, 2017.

Dieses war kein Paradies auf Erden, hatte aber eine soziale Grundsicherung und bot allen Arbeit. Das ist ein Diskurs, den ich auf meinen Reisen im Rahmen des Europarates in Regionen des ehemaligen Sowjetreiches regelmässig gehört habe: in Moldawien, Georgien und der Kirgisischen Republik.

Die fraglichen Regionen und Länder sind bekannt. Sie sind in den letzten Jahren irgendwann in den Schlagzeilen aufgetaucht und haben die diplomatische Welt auf Trab gehalten. Denken wir an **Abchasien** und **Südossetien,** die sich nach der Auflösung der Sowjetunion von Georgien losgesagt haben, ihre Eingliederung in Georgien und die Autorität von Tiflis ablehnten und Behörden ernannten, die diese Regionen mit Unterstützung der russischen Streitkräfte verwalten. An **Moldawien,** einem Ort, wo «Welten aufeinandertreffen», wie es die französische Senatorin Josette Durieux formuliert.[11] Moldawien gab sich 2016 mit 52% der Stimmen einen neuen pro-russischen Präsidenten, Igor Dodon, der sich mit einer pro-europäischen Regierung auseinandersetzen musste. In Moldawien, das historisch mit dem benachbarten Rumänien verbunden ist, spricht ein grosser Teil der Bevölkerung Russisch, insbesondere in seinem östlichen Teil, der auf der anderen Seite des Dnjestr an die Ukraine grenzt. Diese **Transnistrien** genannte Region wurde 1992 abgetrennt. 60% der Bevölkerung spricht Russisch. Sie wehrt sich gegen eine Vereinigung der Republik Moldau mit Rumänien und gegen jede Annäherung an die Europäische Union sowie gegen die Verwendung der rumänischen Sprache und der Schrift in lateinischen Buchstaben. Transnistrien ist heute ein autonomes Gebiet, das nur von Russland anerkannt wird. Und denken wir natürlich an die **Ukraine,** deren Bevölkerung tief zwischen pro-europäischen «Orangen» und pro-russischen «Blauen» gespalten ist. Die Bevölkerung in der europanahen Region, im Westen der Ukraine, neigt klar zu einer Annäherung an den Westen, während weiter östlich die Bevölkerung

---

[11] DURIEUX, Josette et PARMENTIER Florent : *La Moldavie à la croisée des mondes.* Paris, Non Lieu, 2019.

vermehrt russischsprachig und an den Landesgrenzen nahe Russland tiefgreifend russlandfreundlich wird.[12]

Die Bewohner dieser Regionen sind hin- und hergerissen zwischen ihrer Nation, deren Behörden und grossen Teilen der Bevölkerung, die sich der Europäischen Union oder sogar der NATO annähern möchten, und ihrem nostalgischen Gefühl der Zugehörigkeit zu Grossrussland. Es bedarf lediglich einer Verwaltungsmassnahme, die von einer Minderheit als diskriminierend empfunden wird; eines Wahlergebnisses, das nicht den Erwartungen entspricht und Zweifel an einem möglichen Wahlbetrug aufkommen lässt; oder einer wichtigen Regierungsentscheidung, die Auswirkungen auf die internationale Positionierung des Landes zwischen Europa und Russland hat – und bereits kann es zu einem Aufstand kommen, wie die jüngste Geschichte zeigte. Ob ein Aufstand spontan erfolgt oder von Russland ausgelöst wird, bleibt offen und dürfte von Fall zu Fall unterschiedlich ablaufen. Sicher ist, dass Russland nicht zögert, die Rebellen militärisch zu unterstützen. Zu diesem Zweck verfügt es über mobile Truppen, die sich aus gut ausgebildeten, gut bewaffneten Söldnern zusammensetzen, die in sensiblen und instabilen Gebieten rasch eingesetzt werden und zu einem bewaffneten Konflikt führen können. Die Beispiele Südossetien und Ostukraine zeugen davon.

Nehmen Sie den Fall der Ukraine: Die ukrainische Revolution vom Februar 2014, die zum Sturz der pro-russischen Regierung von Viktor Janukowitsch und zum Machtantritt einer pro-europäischen Regierung führte, war das Ergebnis der grossen pro-westlichen Demonstrationen, die auf dem Maidan-Platz in Kiew stattfanden. Als einer der ersten Schritte hob die neue Regierung am 23. Februar das Gesetz über die Regionalsprachen auf und damit den Status der russischen Sprache als Amtssprache in 13 der 25 Regionen des Landes im Süden und Osten der Ukraine. Am folgenden Tag verwandelten sich die Proteste im Donbass in einen bewaffneten Aufstand

---

[12] LORRAIN, Pierre : *L'Ukraine, une histoire entre deux destins*. Paris, Éditions Bartillat, 2019.

gegen die neue ukrainische Regierung. In den folgenden Tagen werden zwei separatistische Entitäten proklamiert: die Volksrepublik Donezk und die Volksrepublik Lugansk. Gleichzeitig führt Russland am Rande der Ukraine Militärmanöver durch, und es gibt Berichte über die Intervention nicht identifizierter bewaffneter Männer, insbesondere auf der Krim. In der Folge annektiere Russland die Krim. Ein «eingefrorener» Konflikt, der immer noch ungelöst ist... Es sei daran erinnert, dass die Krim, die eben noch ukrainisch war und 2014 von Russland gewaltsam annektiert wurde, bis 1954 zwei Jahrhunderte lang zu Russland gehörte; Chruschtschow bot die Krim der Ukraine zu einer Zeit an, als man, in den Worten Tim Marschalls, «die Sowjetunion für unsterblich und die Krim für immer unter der Kontrolle Moskaus» hielt.

Unter dem Gesichtspunkt der Sicherheit in Europa haben diese Ereignisse im Wesentlichen lokale Auswirkungen. Es geht um sekundäre Erschütterungen nach dem Zerfall der Sowjetunion und eine begrenzte, den Launen der Geschichte geschuldete instabile geopolitische Realität. Diese Ereignisse erfordern eine lokale Lösung, die die Rechte von Menschen und Völkern respektiert. Aber es ist unwahrscheinlich, dass sie erneut die Bedingungen für einen Flächenbrand in Europa schaffen. Denn da ist noch die NATO...

2.2 Europa durch den NATO-Schirm geschützt

Putins Russland und Russophile aus Ländern am Rande Russlands setzen alles daran, ihren Einfluss in jenen Zonen zu erhalten, die vom früheren Sowjetimperium übrig geblieben sind. Und gleichzeitig profitiert Europa weiterhin vom Schutz der NATO, einem soliden Schutzschirm mit beträchtlichen Streitkräften und einer machtvollen atomaren Abschreckung.

Es stimmt zwar, dass Russland seit etwa zehn Jahren wieder in seine Aufrüstung investiert, aber seine militärischen Fähigkeiten liegen nach wie vor und noch lange Zeit weit unter jenen der NATO-Streitkräfte, die um die beeindruckende amerikanische Armee und ihre sehr beträchtlichen finanziellen Ressourcen organisiert sind (siehe Anhang 1). Denn Russland startete weit unten mit einer zutiefst zerrütteten Armee mit veralteter Ausrüstung, die weitgehend ausser Gebrauch war und nicht mehr gewartet wurde. Die U-Boot-Tragödie von Kursk im Jahr 2000 ist für diese Situation ein sinnbildliches Beispiel, als Russland es nicht einmal schaffte, die Leichen zu bergen und dafür norwegische Hilfe erbitten musste.

Es sei auch daran erinnert, dass Russland zwar zusammen mit Brasilien, Indien, China und Südafrika – bekannt als BRICS-Länder – den Schwellenländern zugerechnet wird, aber unter diesen mit dem grössten demografischen Rückgang und wirtschaftlichen Zerfall zu kämpfen hat. Seine Bevölkerung altert und schrumpft. In einem im Februar 2020 veröffentlichten Buch, *Der demografische Schock*, führt Bruno Tertrais dieses Phänomen auf das zurück, was er «die dreifache demografische Strafe»[13] nennt: den Zusammenbruch der Fruchtbarkeit; eine hohe Sterblichkeitsrate, namentlich bei Männern (Suizid, Alkoholismus, Verkehrsunfälle und Tötungsdelikte: Die durchschnittliche Lebenserwartung eines russischen Mannes beträgt weniger als 65 Jahre); und die Emigration. Diese Phänomene sind alt und gehen bereits auf die Sowjetunion zurück. Sie lassen sich in fast allen ehemals kommunistischen Ländern beobachten.

Russland bleibt in einer sehr schwierigen wirtschaftlichen Lage, aufgrund der westlichen Sanktionen nach den Ereignissen in der Ukraine und namentlich nach der Annexion der Krim, sowie aufgrund des Rückgangs der Rohstoffpreise. Energie und Rohstoffe bilden der wichtigste und fast einzige Trumpf, machen sie doch zwei Drittel der Deviseneinnahmen Russlands aus. Die wirtschaftliche Lage Russlands hängt damit vom Preis auf dem Markt für Rohstoffe und Energieträger ab. Diese wirtschaftlichen und finanziellen Schwierigkeiten stellen eine echte Herausforderung für Wladimir Putin dar und setzen seinen aussenpolitischen Ambitionen enge Grenzen; diese Situation könnte auch die Verminderung der russischen

---

[13] TERTRAIS, Bruno : *Le choc démographique*. Paris, Odile Jacob, 2020.

Militärausgaben von 69 auf 63 Milliarden Dollar pro Jahr von 2016 bis 2018 erklären. Die Milliarden der Oligarchen dürfen nicht davon ablenken, dass das Realeinkommen der russischen Bevölkerung rückläufig ist. Die Armut trifft ganze Teile der Gesellschaft hart und begrenzt jede Machtausübung wie ein Damoklesschwert. Putin wird sich unverzüglich entschlossen für die Verbesserung der wirtschaftlichen und sozialen Lebensbedingungen seines Volkes einsetzen müssen. Das bisher jüngste Problem ist, dass die Covid-19-Krise das russische Volk hart getroffen hat. Es gibt im Land eine weit verbreitete Kritik an der ungenügenden Vorsorge der Behörden und dem katastrophalen Zustand des Gesundheitssystems und der Krankenhäuser. Das ist politisch brisant.

Putin ist es gelungen, seinem Volk wieder Hoffnung und Stolz zu geben, aber es fehlt immer noch Brot... Will er seine Macht erhalten, müsste die Verbesserung der Lage im Innern seine Priorität werden.

Pascal Boniface fasst am 3. Dezember 2019 auf dem französischen Fernsehsender *France 2* eine verbreitete Einschätzung wie folgt zusammen: «Die russische Bedrohung ist nicht real.»

2.3 Die Probleme Europas

2.3.1 Die europäische Integration ist zum Stillstand gekommen

Die europäische Integration ist nicht gefestigt. Die Europäische Union hat es mit Mitgliedern zu tun, deren Geschichte, Wirtschaftspotenzial, BIP und Pro-Kopf-Einkommen sehr unterschiedlich sind. Die Lage der reichen EU-Gründerstaaten lässt sich mit jener einiger Mittelmeerländer und von Neuankömmlingen wie Bulgarien und Rumänien kaum vergleichen. Die Bessergestellten sollen die anderen unterstützen. Aber auch bei ihnen gibt es Arbeitslosigkeit und Unsicherheit, was zu Spannungen führt. Fremdenfeindliches Gedankengut und die Versuchung nehmen zu, sich auf sich selbst zurückzuziehen. Dieses Phänomen wird durch die **Migration** und den Wunsch einiger Staaten verschärft, Migranten und Migrantinnen den Zugang zu ihrem Territorium zu verwehren und die Zusammenarbeit zu verweigern. Sie beteiligen sich kaum an der erforderlichen Bündelung der Anstrengungen aller europäischen Partner, sich um jene zu kümmern, die in den Ländern Südeuropas ankommen – Länder, die damit seit langem überfordert sind, namentlich Griechenland und Italien. Populistische und fremdenfeindliche Parteien, die manchmal sogar in nationalen oder regionalen Regierungen vertreten sind, gewinnen mancherorts an Stärke, so in Deutschland: 2015 öffnete Angela Merkel die Türen ihres Landes für rund eine Million Flüchtlinge vor allem aus Syrien, die vor den Schrecken des Krieges flohen. Einige Jahre später nahmen rassistische Verbrechen zu und stieg die AFD auf, eine rechtsextreme Partei, deren äusserst «radikale» Ideen ich von ihren Mitgliedern in der Parlamentarischen Versammlung des Europarates her kenne…

Und doch setzen die treibenden Kräfte Europas ihre Aufbauarbeit fort. In Brüssel sind nach wie vor die Parteien der Christlich-Sozialen EVP und jene der Sozialdemokratischen Partei Europas SPE am stärksten vertreten – beides politische Kräfte, die zutiefst pro-europäisch sind, ebenso die beiden nachfolgend grossen Parteien, die Liberalen und die Grünen. Die Wiedergeburt Europas und des europäischen Traums ist möglich. Um dies zu erreichen, muss Europa heute erneut Krisen überwinden und geeint, entschlossen und solidarisch bleiben. Europa spielt jedes Mal, wenn es vor einer grösseren Krise steht, ein wenig mit seiner Zukunft.

Bereits im Jahre 2008 erschütterten grosse wirtschaftliche Schwierigkeiten und eine Krise in der Eurozone die Europäische Union. Infolge der Subprime-Krise standen mehrere Länder am Rande des Bankrotts. Portugal und Spanien geht es inzwischen wieder besser. Griechenland wird aber immer noch durch eine hohe Verschuldung belastet; die strenge Sparpolitik, die ihm seinerzeit die europäischen und globalen Finanzgremien auferlegten, hat das Land fast erstickt.

In den letzten Jahren ist es die Brexit-Saga, die alle Energien mobilisiert hat – und in welcher die Europäer gemeinsam standhaft blieben.

Im Frühjahr 2020 war Europa mit der schrecklichen **Coronavirus-Pandemie** konfrontiert. Mehrere Mitgliedländer wie Italien, Spanien und Frankreich wurden grausam getroffen, ebenso das Vereinigte Königreich nach dem Brexit. Viele waren schlecht vorbereitet, um gegen die verheerenden Auswirkungen dieses Virus anzukämpfen: Mangel an Schutzmasken, Atemschutzgeräten und Desinfektionsmitteln. Hier und da kam es zu protektionistischen Tendenzen, um die erforderliche Ausrüstung allein für sich zu sichern. Aber insgesamt blieb der Geist der Zusammenarbeit, Solidarität und europaweiten Bündelung der Anstrengungen erhalten. So konnte Frankreich, das von einem starken Anstieg von Covid-19-Fällen in der Region *Grand Est* (Strassburg und Mülhausen) betroffen war, auf die Solidarität seiner deutschen und schweizerischen Nachbarn zählen und intubierte Patienten auf deren Intensivstationen verlegen.

Die Herausforderungen, die mit den Folgen dieser beispiellosen Pandemie verbunden sind, gehen weit über den zunächst unerlässlichen Gesundheitsrahmen hinaus. Die **Grenzen** Europas wurden geschlossen: Wir müssen wissen, wie wir sie wieder öffnen können. Vor allem sind die enormen wirtschaftlichen Folgen dieser Gesundheitskrise, die Europa und die Welt erfasst hat, ins Auge fassen. Unsere Gesellschaft wird Zeit brauchen, um sich zu erholen, es wird ein Vorher und ein Nachher von Covid-19 geben. Massive, dem Einsatz angemessene Wiederherstellungsbemühungen werden unerlässlich sein. In dieser Hinsicht ist der Entscheid der Europäischen Union, einen mit 750 Milliarden Euro ausgestatteten Wiederaufbaufonds zu errichten und sich erstmals gemeinsam zu verschulden, eine Quelle der Hoffnung, wird damit der Zusammenhalt zwischen den 27 Mitgliedern der Europäischen Union doch gestärkt und klargestellt, dass kein Mitgliedstaat auf der Strecke bleiben soll.

Hoffen wir, dass unsere Gesellschaft die richtigen Schlüsse aus dieser Prüfung ziehen wird, die alles in Frage stellt, sogar die Globalisierung. Ob dies gelingt, wird namentlich an der Fähigkeit gemessen werden, die sozialen Auswirkungen dieser Pandemie in Europa und der ganzen Welt zu bewältigen, was nur durch internationale Zusammenarbeit gelingen wird. Ein positiver Punkt: Der Staat ist wieder in den Mittelpunkt des Spiels gerückt, der Staat, der die Menschen schützt, der Sozialstaat, der für ein gutes Zusammenleben aller unerlässlich ist.

Die Geschichte lehrt uns, dass schwere Pandemien in der Vergangenheit stets von sozialen Umwälzungen begleitet waren, die Karten neu verteilt wurden und zur Entstehung von Konflikten beitrugen.[14] In der heutigen Stimmung voller Ängste und der Versuchung, sich auf sich selbst zurückzuziehen, könnte ein mangelhafter sozialer Umgang mit dieser Krise zum Nährboden für Totalitarismus werden.

Unmittelbar hat Covid-19 – leider wahrscheinlich nur vorübergehend – immerhin einen Gewinner: **das Klima**.

Die Zukunft Europas? Es bleibt viel zu tun: Soziales Europa, Europa des Klimaschutzes, Europa der Verteidigung. Als Nächstes ginge es darum, die Erweiterung der Europäischen Union fortzusetzen, ein im aktuellen Kontext leider unterbrochener Prozess. Die künftigen Kandidaten finden sich im ehemaligen Jugoslawien, und die meisten von ihnen haben noch einen langen Weg vor sich, bis sie die Aufnahmekriterien erfüllen. Ihr Beitritt ist wünschenswert wie damals bei Griechenland, Spanien oder Portugal, die aus Diktaturen hervorgegangen waren, oder den Ländern Mittel- und Osteuropas sowie den baltischen Staaten, deren grosser Beitrittswunsch die Europäische Union rasch akzeptierte, um zu ihrer politischen und wirtschaftlichen Stabilisierung beizutragen.

2.3.2 Der Brexit

Die Entscheidung der Briten vom Juni 2016 schlug wie eine Bombe ein und zwang die Europäische Union, darüber nachzudenken, was funktioniert und vor allem was nicht, denn zentrifugale Kräfte (rechtsextreme,

---

[14] DERENNE, Jean-Philippe et BRICAIRE, François : *Pandémie la grande menace*. Paris, Fayard, 2005.

antieuropäische Bewegungen) nehmen, wie erwähnt, mancherorts zu. Nach einer langen Zeit der Unsicherheit und einer tiefen Spaltung der britischen Bevölkerung trat der Brexit am 1. Februar 2020 in Kraft. Damit begann eine Übergangsperiode, um den Austritt abzuschliessen. Der Brexit ist Ausdruck einer im Trend liegenden Europaverdrossenheit, doch für die Sicherheit des Kontinents hat der Entscheid keine grossen Folgen: Zum einen ist die gemeinsame europäische Verteidigung noch nicht richtig in Gang gekommen, und zum anderen war das Vereinigte Königreich in dieser Frage, gelinde gesagt, nie ein aktiver Akteur. Vielmehr hält hier die deutsch-französische Partnerschaft vertreten durch Bundeskanzlerin Angela Merkel und den französischen Staatspräsidenten Emmanuel Macron das Ruder in der Hand – ohne bisher viel erreicht zu haben...

Vorerst bleibt die NATO für alle betroffenen Staaten der unbestrittene Sicherheitspfeiler, auch für Grossbritannien. Es gehört zu den besten Schülern des Atlantischen Bündnisses.

2.3.3 Die Herausforderung der Migration

Europa ist bei einer weiteren Herausforderung gefordert, tragfähige Lösungen zu finden und vor allem eine gemeinsame menschliche Antwort, die den grossen Gründungsprinzipien unserer Rechtsstaaten, insbesondere dem Asylrecht, gerecht wird. Migranten und Migrantinnen aufzunehmen und zu integrieren, trägt in den kommenden Jahrzehnten dazu bei, den zu erwartenden Bevölkerungsrückgang aufzufangen. Für die Europäische Union, für ganz Europa und für die gesamte entwickelte Welt es ist unerlässlich, die richtigen Fragen zu stellen und wirksame Antworten auf die Herausforderungen zu geben, die in diesem Bereich auf uns warten.

In den Ländern von Subsahara-Afrika wird sich die Bevölkerung bis 2050 verdoppeln. Diese Prognosen tragen der Tatsache Rechnung, dass die überwiegende Mehrheit der afrikanischen Länder ihren **demografischen Übergang** noch nicht abgeschlossen hat. Damit wird ein ziemlich allgemeines Phänomen des demografischen Wandels bezeichnet vom langsamen und heiklen Übergang einer traditionellen Gesellschaft mit hohen Geburten- und Sterberaten hin zu einer modernen Gesellschaft mit niedrigen Sterbe- und Geburtenraten, wie dies heute ausserhalb Afrikas in den meisten Ländern der Fall ist.[15]

In Afrika ist die Sterblichkeit der älteren Personen und vor allem der Neugeborenen zurückgegangen, worin sich Fortschritte in der Gesundheitsversorgung und insgesamt bessere Lebensbedingungen spiegeln, während die Geburtenrate nicht entsprechend abnimmt. Denn Geburtenkontrolle erfordert Bildung, Vermittlung von Verhütungsmethoden und Verbesserung des Sozialsystems, ist doch der Wunsch, viele Kinder zu haben, für viele Afrikanerinnen und Afrikaner Ausdruck der Hoffnung auf Hilfe und Unterstützung im Alter. Diese Verhaltensweisen zu ändern, ist eine enorme Herausforderung. Afrika hat also seinen demografischen Übergang begonnen, und es ist üblich, dass dieser Prozess zunächst von einem beträchtlichen Bevölkerungswachstum begleitet wird. Wenn sich also nichts ändert, dürfte der afrikanische Kontinent in 30 Jahren mehr als zwei Milliarden Einwohner haben, darunter Hunderte von Millionen gut ausgebildete junge Menschen auf der Suche nach einer Zukunft.[16] «Bis 2050 wird es 90 Millionen weniger Erwerbstätige in Europa (-15%) und 700 Millionen mehr Erwerbsfähige in Afrika geben».[17]

Europa hat die Wahl, sich zu verbarrikadieren, alle leicht vorstellbaren Konflikte, Dramen und das anhaltende Ertrinken im Mittelmeer in Kauf zu nehmen. Oder es kann sich dafür entscheiden, geordnete Formen der Einwanderung zu schaffen und arme Länder, vorab in Afrika, mit effizienter Hilfe, die einen Wirtschaftsaufschwung des Kontinents ermöglicht, kräftig unter die Arme zu greifen. Verbesserte Lebensbedingungen, ein besserer

---

[15] DAVID, Olivier : *La population mondiale : Répartition, dynamique et mobilité.* Paris, Armand Colin, 2015.

[16] BOILLOT, Jean-Joseph et DEMBINSKI, Stanislas : *Chindiafrique, la Chine, l'Inde et l'Afrique feront le monde de demain.* Paris, Odile Jacob, 2013.

[17] HUGON, Philippe : *L'Afrique, défis, enjeux et perspectives en 40 fiches pour comprendre l'actualité.* Paris, Eyrolles, 2017.

Zugang zur Arbeit, mehr Fortschritt und Innovation werden in diesen Ländern die Migration verringern, eine harmonische Entwicklung fördern und so die Voraussetzungen zu einem demografischen Übergang mit rückläufigen Geburtenraten zu schaffen. Was schliesslich zu einem geringeren Bevölkerungswachstum und weniger Migration zu uns führt.

Am dringlichsten ist gegenwärtig der Umgang mit der unkontrollierten Migration und den Dramen im und ums Mittelmeer. Wir müssen die kriminellen Netzwerke skrupelloser Schlepper zerschlagen und dafür sorgen, dass sie durch **sichere und würdige Netze ersetzt werden.** Und uns mit dem Gedanken anfreunden, dass unser alternder Kontinent auf Einwanderung angewiesen ist – auf der Basis einer gerechten und ausgewogenen Verteilung der Aufnahme zwischen den wohlhabenden Ländern.

Ohne einen weiteren Faktor zu vergessen, der die Migrationsfrage zunehmend beeinflussen könnte: der **Klimawandel.**

Die Erde wird wärmer... Wir kommen aus einem besonders milden Winter 2019/2020 heraus, ein Rekord seit den ersten Messungen Ende des 19. Jahrhunderts. Extremereignisse häufen sich. Auf dem antarktischen Eisschild, dem grössten Süsswasserspeicher der Welt, wurden neue Rekordtemperaturen gemessen. Sein vollständiges Schmelzen würde zu einem Anstieg des Meeresspiegels um mehrere dutzend Meter führen. Hält die globale Erwärmung an, sind die Folgen bekannt: Überflutung von Küstengebieten und Deltas, Verschwinden vieler Inseln, mehr von Dürre und Wüstenbildung betroffene Gebiete, so dass Leben unmöglich wird und Dutzende Millionen armer Menschen wegziehen, weil sie alles verloren haben und Nahrung und gastfreundlicheres Land suchen – innerhalb oder ausserhalb ihres Herkunftsstaates. Dies kann zu Spannungen und Konflikten um die knappen noch verfügbaren Ressourcen führen – ein weiterer Faktor für Destabilisierung und sogar Krieg. In seiner Rede am 27. Februar 2020 in Strassburg bei einem vom Europarat organisierten Kolloquium über Klimafragen vertrat der ehemalige französische Premierminister Laurent

Fabius die Ansicht, dass «die globale Erwärmung eine Frage von Krieg oder Frieden ist! Als der Weltklimarat den Nobelpreis erhielt, nahm er den Friedensnobelpreis in Empfang, nicht den Physik- oder Chemiepreis. Die Nobel-Akademie hat sich nicht geirrt». Zur Erinnerung: Am 12. Oktober 2007 erhielten der ehemalige US-Vizepräsident Al Gore und der Weltklimarat IBCC gemeinsam den Friedensnobelpreis 2007.

Wir haben bereits einen Begriff für diese neuen Migranten und Migrantinnen gefunden: **Klimaflüchtlinge**. Die Parlamentarische Versammlung des Europarates hatte kürzlich zu diesem Thema einen Bericht angenommen.

2.3.4 Das Phänomen Trump

Die Wahl des neuen US-Präsidenten Anfang 2017, eines unberechenbaren, zu allem fähigen Mannes, forderte zu Beginn der Amtszeit und erneut Mitte 2020 die Zukunft der NATO heraus. Die USA wollen sich zumindest teilweise weiter aus Europa zurückziehen und stattdessen der Pazifikachse gegenüber Asien mehr Gewicht geben. Zwischenzeitlich ruderte Donald Trump zurück und schien allmählich zu verstehen, dass die Realität der Welt komplexer ist, als er dies zunächst annahm. Vor allem seine anfänglich leidenschaftliche Freundschaft mit Wladimir Putin und Russland hat sich abgekühlt. Im Übrigen **scheint das Wiedererstarken Russlands im globalen geostrategischen «Spiel» paradoxerweise den Europäern in die Hände zu spielen,** denn dies zwingt die Vereinigten Staaten, Europa weiterhin als Hauptpartner zu betrachten und auch in Zukunft bei ihren militärischen Planungen prioritär zu behandeln.

Donald Trump weist dennoch ein grosses Schadenspotenzial auf. Er schreckte nicht davor zurück, das Pariser Klimaabkommen zu torpedieren, aus diesem auszutreten und Klimaskepsis zu verbreiten. Und er lässt keine Gelegenheit aus, den Frieden zu gefährden und ohnehin komplexe Situationen zu destabilisieren. Zwei aktuelle Beispiele:

Die **Kurden** sind loyale Verbündete der westlichen Kräfte im Kampf gegen den islamischen Staat und unverzichtbar, um eine endgültige Entscheidung zu erzwingen. Dies hinderte Donald Trump nicht daran, seine Truppen aus Syrien abzuziehen und die Kurden damit den Angriffen der türkischen Armee auszusetzen – und das Feld den Kriegsverbrechen der russischen Streitkräfte, Verbündete von Baschar al-Assad, offen zu lassen. Die Region erlebt heute eine echte humanitäre Tragödie...

Iran, der Erzfeind des amerikanischen Präsidenten. Ein Land, das die USA in der Vergangenheit tief traumatisiert hat, nach der Besetzung der US-Botschaft in Teheran im Jahr 1979, während des Sturzes des Schahs von Iran und der islamischen Revolution. Ein Land, das seit langem ein Feind Israels ist und damit droht, Atomwaffen zu erwerben. In der Ära Obama beruhigten sich die Beziehungen der beiden Länder. Es gab eine gewisse Normalisierung, die sich 2015 mit der Unterzeichnung des Abkommens über das iranische Atomprogramm konkretisierte und beide dem Frieden näherbrachte. Donald Trump torpedierte dieses Abkommen im Jahr 2018 schamlos. Die USA und der Iran zogen sich davon zurück, und der Iran leitete schrittweise wieder eine Produktion von Atomwaffen ein... jedenfalls drohte der Iran damit... Die USA verhängten neue Sanktionen gegen den Iran, der bereits von früher schwer gezeichnet war, und drängten ihre westlichen Partner nachzuziehen. Dies löste in der Golfregion neue Spannungen aus, insbesondere Raketenangriffe der Iran-nahen Huthi gegen Saudi-Arabien, gefolgt von antiamerikanischen Kundgebungen und einem Angriff irakisch-schiitischer Demonstranten auf die amerikanische Botschaft in Bagdad Ende 2019. Ein Anschlag, der bei Donald Trump schmerzhafte Erinnerungen geweckt haben muss: Der Angriff auf die US-Botschaft in Teheran 50 Jahre zuvor. Als Vergeltung befahl er am 3. Januar 2020, General Qassem Soleimani, die Nummer 3 des iranischen Regimes, mit einem Drohnenangriff in der Nähe des Flughafens von Bagdad zu ermorden. General Soleimani stand an der Spitze einer Eliteeinheit der Revolutionsgarde, die mit iranischen Militärmissionen im Ausland beauftragt war. Ein einflussreicher Mann, der an mehreren terroristischen und militärischen Aktionen gegen den Westen beteiligt war. Diese «Kriegshandlung» hätte fast zu einem Konflikt und zur Destabilisierung der gesamten Region geführt...

2.4 Die Lage der Schweiz im Zentrum Europas

Die Schweiz liegt unübersehbar **mitten in einem friedlichen Europa, umgeben von befreundeten Ländern, die seit Jahrzehnten in Frieden leben**. Dies ist eine unbestreitbare Tatsache, die als Grundlage für alle Überlegungen zur Risikobewertung und Entscheidfindung dienen muss, wie unsere Sicherheit und Verteidigung bestmöglich gewährleistet und die Sicherheitszusammenarbeit mit den Nachbarn noch besser gestaltet werden kann.

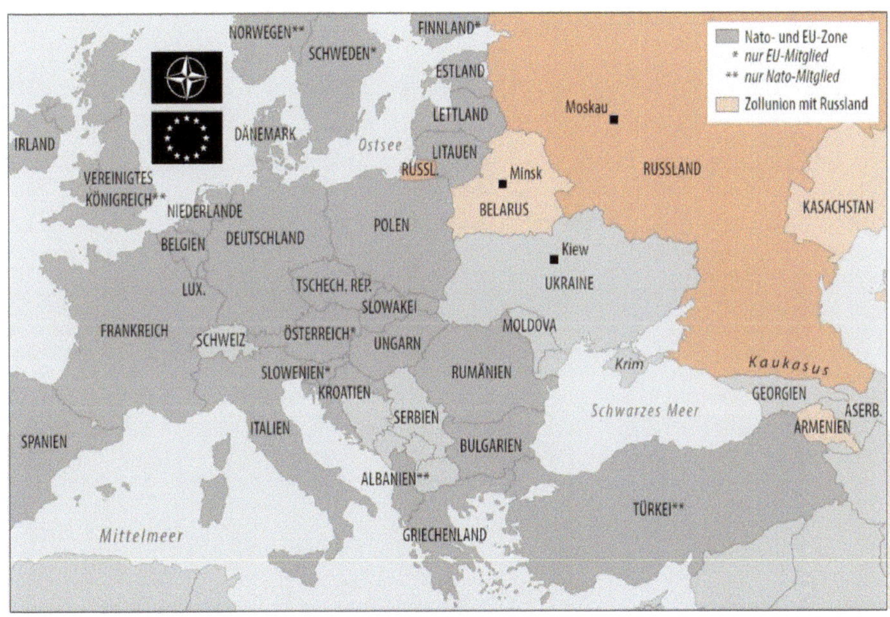

Karte der EU- und NATO-Mitgliedstaaten

Die Schweiz ist von Mitgliedstaaten der Europäischen Union, vor allem aber – mit Ausnahme Österreichs – von NATO-Mitgliedern umgeben. Diese Lage schafft objektiv gesehen die Voraussetzungen für eine besonders privilegierte Situation: **Die Schweiz profitiert, wie ihre Nachbarn, vom Schutzschild der NATO.** Jeder Staat, der die Schweiz angreifen möchte, müsste zuerst einen sehr breiten, von der NATO geschützten Raum überwinden. Die Idee, die Schweiz könnte mittel- oder langfristig in einen traditionellen Konflikt mit einem unserer näheren oder ferneren Nachbarn geraten, gehört ins Reich der Fantasie.

Mitten in Europa geschützt, de facto geschützt durch die militärische Macht der NATO, kann **die Schweiz als blinder Passagier der NATO** betrachtet werden.

Kapitel 3

Rüstung und Technologie

In diesem Kapitel befassen wir uns mit Fragen der ständig komplexeren Rüstung und technologischen Revolutionen, die heute und in Zukunft die Art und Weise der Kriegführung grundlegend verändern.

Wir nähern uns diesem Thema an, indem wir uns einen Moment lang mit der derart mächtigen und verheerenden Waffe beschäftigen, dass sie im Grunde genommen unbrauchbar ist, weil deren Einsatz gleichbedeutend mit Selbstzerstörung und dem Ende der Welt ist. Eine Waffe, die die Grossmächte angeblich gezwungen hat, in gegenseitigem Respekt zu verharren und sich darauf zu beschränken, «Angst zu spielen»: **Atomwaffen!**

3.1 Atomwaffen und andere Massenvernichtungsmittel

Nach dem Zweiten Weltkrieg, während der Zeit des Kalten Krieges, verbreiteten sich – vorab auf der amerikanischen und russischen Seite – Atomwaffen in sehr grosser Zahl. Es gab Episoden von Spannungen und Missverständnissen, die manchmal nahezu katastrophal endeten...

Wichtige Rüstungskontrollverträge der 1980er und 1990er Jahre ermöglichten eine gewisse Deeskalation. Sie werden aber seit Jahren weder erneuert noch ihre Laufzeit verlängert, obschon weiterhin eine enorme Anzahl atomarer Sprengköpfe vorhanden ist. Die Welt verharrt so unter der Bedrohung des plötzlichen Wahnsinns einer der Protagonisten, infolge eines technischen Problems oder ganz einfach eines dramatischen Fehlers... Die Länder, die offiziell Atomwaffen besitzen (die Vereinigten Staaten,

Russland, China, Frankreich und Grossbritannien) investieren inzwischen wieder enorme Summen in die Modernisierung ihrer Atomwaffen-Arsenale und beenden damit eine vorübergehende Phase, deren Anzahl zu vermindern.

Die Atommächte, die zunächst einer kriegsverbrecherischen Logik der totalen Zerstörung und Unterwerfung des Feindes folgten (Bombardierung von Hiroshima und Nagasaki 1945) entwickelten allmählich die Strategie der Abschreckung, womit sie implizit die Unmöglichkeit anerkannten, diese «tödliche» Waffe einzusetzen und mit ihr Krieg zu führen, – ein Spiel, das für alle viel zu gefährlich und unberechenbar ist. Ein Angriff hätte sofort eine Reaktion mit unabsehbaren, oder besser gesagt absolut verheerenden Folgen für beide Seiten ausgelöst. **«Die Logik der Abschreckung beruht darauf, einen Schritt zum Handeln zu verhindern, indem man den potenziellen Verursacher einer militärischen Aktion davon überzeugt, dass die wahrscheinlichen Kosten den potenziellen Nutzen übersteigen.»[18] Die atomare Abschreckung mache, so diese Ansicht, einen Krieg wegen seiner potenziell inakzeptablen Folgen unmöglich.** Im Buch von Paul Quiles, ehemaliger französischer Verteidigungsminister, *Stop the Bomb!*[19] werden Seite 61 die vorhersehbaren Auswirkungen eines Atomkrieges diskutiert, bei dem weit weniger als 1% des weltweiten Atomwaffenbestands eingesetzt wird. Zusätzlich zu den Folgen der radioaktiven Strahlung würden atomare Explosionen zur Bildung einer monströsen Staubwolke führen, die sich in der Atmosphäre weit ausbreitete, das Sonnenlicht allmählich verdunkelte und die Temperaturen auf der Erdoberfläche auf durchschnittlich minus 25 Grad sinken liesse – eine neue Eiszeit für viele Monate mit dramatischen Folgen für Natur und Mensch. Sein Fazit: **Bei der atomaren Abschreckung gehe es nicht mehr darum, Kriege zu gewinnen, sondern sie zu vermeiden.**

---

[18] ROCHE, Nicolas : *Pourquoi la dissuasion.* Paris, Presses Universitaires de France, 2017.
[19] QUILES, Paul : *Arrêtez la bombe !* Paris, Éditions du Cherche midi, 2013.

Heute bestehen die Hauptrisiken in diesem Bereich in einer unvorhergesehenen, möglicherweise durch ein Missgeschick oder eine Fehlwahrnehmung ausgelösten Entwicklung sowie die Weiterverbreitung der Atomwaffen in Nordkorea, Israel, Indien, Pakistan und weiteren Staaten, die Atomprogramme unterhalten. Die genannten Staaten verfügen alle über entsprechende Trägersysteme, namentlich ballistische Lenkwaffen. Nordkorea beispielsweise setzt seine Provokationen fort, indem es die Anzahl der Abschüsse ballistischer Raketen je nach Situation erhöht oder wieder vermindert. Aufgrund der zunehmenden Reichweite bedroht Nordkorea inzwischen damit gar die Westküste der Vereinigten Staaten.

Gibt es eine tatsächliche Bedrohung durch Korea? Ich glaube aufrichtig, dass wir die vehementen Reden des dritten Führers dieser erblichen kommunistischen Dynastie, Präsident Kim Jong-un, nicht für bare Münze nehmen sollten. Er fürchtet sich zutiefst vor der militärischen Macht der USA. Zwar trägt Präsident Trump mit seinen mörderischen Tweets und sprunghaften Ausbrüchen nichts zur Beruhigung bei. Aber Kim Jong-un ist nicht selbstmörderisch: Er will allein, dass sein Land als Atommacht anerkannt wird, um ein Mittel zu haben, an der Macht zu bleiben. Diese Einschätzung wird von Juliette Morillot und Dorian Malovic in *La Corée du Nord en 100 questions*[20] und von Pascal Boniface geteilt. Laut ihnen ist der nordkoreanische Führer davon überzeugt, dass Saddam Hussein und Muammar Gaddafi heute noch an der Macht und am Leben wären, falls sie tatsächlich Atomwaffen gehabt hätten.

Viele denken, die atomare Abschreckung trage zum Schutz des europäischen Kontinents bei. Amerikanische Atomwaffen sind in der Türkei, Deutschland, den Niederlanden, Italien und Belgien stationiert, was laut den Vertretern der Abschreckungslogik zur Befriedung des europäischen Raums beiträgt. Entscheidend dürften freilich die zu Beginn dieses

---

[20] MORILLOT, Juliette et MALOVIC, Dorian : *La Corée du Nord en 100 questions*. Paris, Edition Tallandier, 2016.

Buches erwähnten internationalen Organisationen und deren Bemühungen sein, die Voraussetzungen für den Dialog und ein besseres Zusammenleben zu schaffen. Zudem entfaltet die Abschreckung – wenn schon – ihre Wirkung allein im Kontext symmetrischer und bürokratisch-rational handelnder Mächte. Das Aufkommen asymmetrischer Bedrohungen und nicht-staatlicher Akteure hat die Situation radikal verändert: Ein atomares Arsenal ist nicht in der Lage, die Urheber eines Terroranschlags oder eines Cyber-Angriffs irgendwie zu beeinflussen.

Die Schweiz kann letztlich nichts anderes tun, als diese Ausgangslage und das enorme Atomrisiko zur Kenntnis zu nehmen – und sich weiterhin für die Deeskalation unter den Atommächten einzusetzen sowie die Politik zur Förderung des Friedens, der Stärkung des Völkerrechts und der atomaren Abrüstung zu verstärken.

In seinem jüngsten Abrüstungsbericht vom Juni 2017 bekräftigt der Bundesrat sein Bekenntnis «für ein Verbot und die Eliminierung sämtlicher Kategorien von Massenvernichtungswaffen», d.h. atomarer, chemischer oder biologischer Waffen, «da diese sowohl für die internationale Sicherheit als auch für die Bevölkerung eine schwerwiegende Bedrohung darstellen». Darüber hinaus strebt die Schweiz laut Bundesrat eine Politik der Rüstungskontrolle, Abrüstung und Nichtverbreitung an, um die internationale Sicherheit und das humanitäre Völkerrecht zu stärken.

Ein schönes Programm, das unsere entschlossene Unterstützung verdient. Diese Worte wären vielleicht vielversprechender und würden im Ausland besser gehört, wenn wir ihnen gleichzeitig Taten folgen lassen: Wie steht es um unsere Rüstungskontroll- und Abrüstungspolitik, wenn das Parlament gleichzeitig massiv die Militärausgaben erhöht und das Land zwingen will, sich militärisch auf sich selbst zurückzuziehen?

Vor allem überrascht, dass der Bundesrat die Ratifizierung des von der UNO-Generalversammlung im Juli 2017 auch mit der Stimme der Schweiz angenommenen Vertrags für ein Atomwaffenverbot abgelehnt hat. Dieser wichtige Vertrag schliesst eine Lücke im Völkerrecht, das bereits biologische und chemische Waffen umfassend ächtet, nicht aber Atomwaffen. Wenig erstaunlich lehnen die offiziellen Atommächte – gleichzeitig ständige Mitglieder des UNO-Sicherheitsrates – USA, China, Russland, Grossbritannien und Frankreich sowie inoffiziellen Atommächte wie Indien, Pakistan und Israel das völkerrechtliche Verbot von Atomwaffen ab. Dies, obschon sich die Atommächte mit der Unterzeichnung des Vertrags über die Nichtverbreitung von Atomwaffen selbst zur schrittweisen und schliesslich vollständigen Abrüstung aller Atomwaffen verpflichtet haben – ein bis heute vielfach verletztes, weil nie umgesetztes Versprechen.

Die Schweiz als Depositarstaat der Genfer Konventionen hätte eine schöne Karte auszuspielen – betont doch auch das Internationale Komitee vom Roten Kreuz (IKRK), dass die Drohung und der Einsatz von Atomwaffen unter keinen Umständen mit dem Genfer Recht vereinbar und damit ein Kriegsverbrechen ist...

3.2   Die meisten europäischen Staaten sitzen im selben Boot

Nach dem Wettrüsten und den jahrzehntelangen Spannungen zwischen Ost und West begann mit dem Fall der Berliner Mauer eine neue Ära: Der Zerfall der kommunistischen Welt, die Wiedervereinigung Deutschlands und die Erweiterung des NATO-Einflussbereichs haben die Voraussetzungen für den Ausbau und die Stärkung der Zusammenarbeit in gefestigten internationalen Organisationen, die Vertiefung des gegenseitigen Vertrauens und die gemeinsame Förderung eines echten und dauerhaften Weltfriedens geschaffen.

Namentlich zwei Faktoren trugen zur weiteren «Entmilitarisierung» Europas bei. In seinem Buch *La démilitarisation de l'Europe. Un suicide stratégique?* schreibt Jean-Baptiste Vouilloux diese Entwicklung einerseits der geostrategischen Entspannung nach dem Fall der Berliner Mauer zu, und andererseits den finanziellen Schwierigkeiten, mit denen viele europäische Länder nach der Finanzkrise zu kämpfen haben: steigende

Staatsverschuldung, Haushaltprobleme. Zahlreiche europäische Länder haben in den 1990er Jahren und zu Beginn des 21. Jahrhunderts ihre Verteidigungsausgaben drastisch gesenkt und ihre Streitkräfte angepasst[21] – in bescheidenerem Ausmass auch die Schweiz.

Heute verfügen in Europa das Vereinigte Königreich und Frankreich über eine tatsächliche **militärische Fähigkeit**, d.h. «eine kohärente Einheit von Menschen und Ausrüstungen, organisiert, ausgebildet und aufgrund einer Doktrin eingesetzt, die eine operative Einsatzbereitschaft sicherstellt».

Einige Länder spezialisieren ihr militärisches Potenzial inzwischen auf so genannte «Nischenfähigkeiten» und fokussieren sich auf einen Bereich, in dem ihr Ruf und ihre Exzellenz anerkannt sind und sie ihre besonderen Kompetenzen anderen Staaten zur Verfügung stellen können. Beispiele hierfür sind Expeditionsfähigkeiten innerhalb einer Koalition wie den Niederlanden und Dänemark, ABC-Expertise (atomar-bakteriologisch-chemische) für die Tschechische Republik und nochmals andere für Friedensförderungs- oder Lufttransportfähigkeiten.[22]

Rund um uns haben sich mehrere Länder dafür entschieden, ihre militärischen Ambitionen den finanziellen Möglichkeiten anzupassen, indem sie den Ehrgeiz aufgaben, sich allein zu verteidigen und in allen Waffenkategorien in der obersten Liga mitzuspielen. Dafür stellen sie ihre neuen und ausgewählten Fähigkeiten befreundeten Nachbarn und Verbündeten zur Verfügung. Zudem bündeln sie wo immer möglich ihre Rüstungs- und Materialbeschaffung und vermeiden Alleingänge. So kann die Wirksamkeit erhöht und gleichzeitig sehr viel Geld gespart werden. Das geht freilich einfacher, wenn man einer Koalition wie der NATO angehört…

---

[21] VOUILLOUX, Jean-Baptiste : *La démilitarisation de l'Europe. Un suicide stratégique ?* Paris, Argos, 2013.
[22] Idem.

3.3 Bewaffnung der Schweiz, heute und morgen

Im Laufe der Jahrhunderte unterlag die Art und Weise der Kriegführung einem starken Wandel. So lange die Bewaffnung rudimentär war und auf Schwertern, Speeren oder Äxten beruhte, machten vor allem die Anzahl, Kraft und der Mut ihrer Krieger eine Streitmacht stark, wie uns die antiken Helden der Ilias und der Odyssee in Erinnerung rufen. Im Laufe der Jahrhunderte veränderten menschlicher Einfallsreichtum und die Entwicklung der Technologie das Kampfgeschehen aber grundlegend. Zu Recht stellte **Carl von Clausewitz in seiner berühmten Abhandlung *Über den Krieg*** fest: «Die Gewalt rüstet sich mit den Erfindungen der Künste und Wissenschaften aus, um der Gewalt zu begegnen.» Die Griechen, dann die Römer und, was uns näher liegt, Leonardo da Vinci, haben die Kunst des Krieges immer wieder grundlegend verändert.

Historisch gesehen spielten technologischer Fortschritt und neue und revolutionäre Waffen eine entscheidende Rolle für den Ausgang vieler Konflikte: Flinten gegen Pfeile, Maschinengewehrsalven gegen Kavallerie. Die technische und industrielle Umsetzung der Mittel zur Erlangung eines kriegerischen Vorteils gegenüber dem Gegner ist in der Kunst der Kriegführung entscheidend. «Militärische Überlegenheit ist heute mehr denn je eine Frage der technologischen Beherrschung», wie Pascal Boniface in seinem Buch *Comprendre le monde* schrieb.[23] Dafür gibt es sogar einen neuen Begriff: **Technostrategie**, die Erforschung, Entwicklung und Herstellung von Kampfmitteln, die es in 10 oder 20 Jahren ermöglichen sollen, einen Gegner zu besiegen. Mit sehr erheblichen Investitionen in Forschung und Entwicklung. Wie steht aber die Schweizer Armee dieser technologischen Revolution gegenüber?

Im Vergleich zu anderen Armeen verfügt die Schweiz am Ende des 20. Jahrhunderts über eine ziemlich traditionelle militärische Ausrüstung. Die

---

[23] BONIFACE, Pascal : *Comprendre le monde*. Paris, Armand Colin, 2017.

meisten ihrer Hauptwaffensysteme sollten in den nächsten 15 Jahren ersetzt werden, wie auch der **Bericht der Expertengruppe *«Die Zukunft der Luftverteidigung»*** vom Juni 2017 betont. Auf Seite 114 finden sich die folgenden Überlegungen:

«In den 2020er Jahren ist die grösste Herausforderung, dass neben dem gesamten System zum Schutz des Luftraums (Kampfflugzeuge, Fliegerabwehr, Luftraumüberwachungssystem Florako) auch nahezu alle anderen, entweder vor oder unmittelbar nach Ende des Kalten Krieges in relativ grosser Zahl beschafften Hauptsysteme der Armee innert weniger Jahre ans Ende ihrer Nutzungsdauer gelangen werden. Davon betroffen sind namentlich die Artillerie, die Kampfpanzer Leopard, sämtliche noch auf dem Schützenpanzer M-113 basierenden Spezialfahrzeuge der Genie und der Artillerie, die Aufklärungsfahrzeuge 93 sowie die gesamte Flotte der Radschützenpanzer Piranha. Die Fähigkeiten, die heute noch mit diesen Systemen abgedeckt werden (z. B. Führung des Gefechts der verbundenen Waffen, Schutz, Mobilität), sind – soweit heute absehbar – auch in Zukunft für die Aufgabenerfüllung der Armee wesentlich. Teilweise werden neue Technologien zur Anwendung gelangen und es werden moderne Systeme verfügbar sein, die zwar nicht selten teurer, aber auch leistungsfähiger sind, so dass häufig eine geringere Stückzahl ausreicht, um die gleiche oder sogar eine gesteigerte Wirkung zu erzielen. Konzepte, in denen die langfristige Fähigkeitsentwicklung beschrieben wird, werden zurzeit erarbeitet. Abgesehen von der Erneuerung der fähigkeitsrelevanten Hauptsysteme der Armee wird es auch in den 2020er Jahren darum gehen, die Mobilität der Bodentruppen durch kontinuierlichen Ersatz von Lastwagen, Personenwagen und Spezialfahrzeugen zu erhalten und weitere Investitionen ins Führungsnetz Schweiz und in die Rechenzentren des VBS und des Bundes zu tätigen, unter anderem, um die Redundanz sicherer Netze bei Ereignissen und den Schutz gegen Cyberangriffe zu gewährleisten. Weil folglich im kommenden Jahrzehnt nicht nur die Mittel zum Schutz des Luftraums (Kampfflugzeuge, bodengestützte Luftverteidigung) erneuert werden müssen, sondern auch grosse Teile der Boden- und Führungssysteme, ist es wesentlich, dass ausreichende Finanzmittel zur Verfügung stehen, die es erlauben, die Armee als Gesamtsystem weiterzuentwickeln.»

Unser Land steht vor einer enormen Herausforderung, sofern wir in der reinen und harten Logik bleiben, die der Bundesrat, die rechte Parlamentsmehrheit und die Armeeführung vertreten, d.h. dass die Schweiz Artikel 58 Absatz 2 der Bundesverfassung (…die Armee «verteidigt das Land und seine Bevölkerung»…) gleich wie im Kalten Krieg umsetzt und das Neutralitätsprinzip unverändert hochhält. Dann geht es tatsächlich darum, nicht allein unsere Kampfflugzeuge ab 2030 durch noch komplexere Modelle zu ersetzen, sondern zusätzlich bis 2035 auch noch gleich nahezu die Gesamtheit der übrigen Hauptwaffensysteme abzulösen.

Der Ersatz von Material aus der Zeit des Kalten Krieges hat begonnen. Mehrere Milliarden sind bereits zugesagt, aber bisher nur zum Teil bezahlt. Jahr für Jahr nimmt das Parlament auf Vorschlag des Bundesrates ein Rüstungsprogramm von rund einer Milliarde Franken an, die dann über mehrere Jahre hinweg schrittweise ausgegeben werden. Auf diese Weise hat sich für künftige Beschaffungen eine Bugwelle von rund vier Milliarden Franken bewilligter Rüstungskredite aufgebaut. So stimmte eine Parlamentsmehrheit der Beschaffung neuer Minenwerfer (12-cm-Mörser) für 404 Millionen, die Modernisierung der leichten Geländewagen Duro für 558 Millionen, die Beschaffung von Aufklärungsdrohnen für 265 Millionen und schultergestützter Mehrzweckwaffen für die Panzerabwehr für 256 Millionen zu. Das Rüstungsprogramm 2020 schlägt dem Parlament ferner unter anderem den Betrag von 438 Millionen Franken vor, um die Lebensdauer unserer 186 Schützenpanzer 2000 zu verlängern – alles Investitionen, die auf einem längst veralteten Kriegsbild beruhen.

Sofern das Parlament diese Planungen unverändert durchwinkt, ergibt sich ein Finanzierungsbedarf von Dutzenden von Milliarden: 20 bis 30 Milliarden Franken dürften kaum genügen. Von vielen unbemerkt, sind die

Militärausgaben der Schweiz seit 2014 kräftig am steigen – mehr als jeder andere Aufgabenbereich des Bundes. Bis zum Ende der Legislatur sollen die Kosten der Landesverteidigung von 4,348 Milliarden (2014) auf 6,493 Milliarden (2023) erhöht werden, also um satte 49%. Und die Armeebotschaft 2020 sieht für die anschliessenden zehn Jahre 2023 bis 2032 an Stelle der 10 Milliarden gemäss aktueller Beschlusslage neu 15 Milliarden vor – eine weitere Steigerung um 50% für die Materialbeschaffung. Damit gäben wir Anfang der 2030er Jahre jährlich fast 8 Milliarden Franken für die Landesverteidigung aus – annähernd das Doppelte von 2014 – und dies würde dennoch immer noch nicht ausreichen, um alle von der Generalität angemahnten Beschaffungen zu finanzieren. Bereits ist die Rede davon, nach 2033 weiteres Material wie unsere Helikopter zu ersetzen. Das Eidgenössische Departement für Verteidigung, Bevölkerungsschutz und Sport (VBS) listet im Masterplan 2019 viele Zusatzwünsche auf, um bis 2040 «bestehende Fähigkeitslücken» zu schliessen.

All dies überstiege den vom Parlament gut etablierten Finanzrahmen der Armee von 5 Milliarden Franken jährlich bei weitem. Das Parlament legte für die Periode 2017 bis 2020 eine Obergrenze von 20 Milliarden fest, d.h. 5 Milliarden Franken pro Jahr. Davon sind 3 Milliarden für den Betrieb vorgesehen (u.a. 560 Millionen für Unterhalt und Ersatz von allgemeinem Material), während die restlichen 2 Milliarden Franken für Investitionen bestimmt sind: den Erwerb von Munition (120 Millionen), die Erneuerung der Grundausrüstung (350 Millionen), Immobilienkosten des VBS (400 Millionen) und für Projektierung und Beschaffungsvorbereitung (100 Millionen). Damit bleibt rund eine Milliarde für den Erwerb neuer Rüstungsgüter im Rahmen der jährlichen Rüstungsprogramme.

Der Bundesrat hat den finanziellen Rahmen für all diese Erwerbs- und Erneuerungsprozesse wie folgt festgelegt.

1) Der Armeehaushalt wird exponentiell bis 2032 um 2,1% jährlich erhöht – das VBS zieht in unüblicher Weise die Inflation ab und zieht es vor,

von «real 1,4%» zu sprechen – was innerhalb zehn Jahren einer Steigerung von über 23% entspricht...

2) Für die Erneuerung der Mittel zum Schutz des Luftraums (Kampfflugzeuge, bodengestützte Luftverteidigung) sieht der Bundesrat Ausgaben von 8 Milliarden Franken vor – allein für neue Kampfflugzeuge und weitreichende Boden-Luft-Verteidigungssysteme, d.h. ohne Systeme für kurze und mittlere Distanzen, ohne Radar und ohne Führungs- und Kontrollsysteme, die unverzichtbarer Teil des Gesamtsystems sind.

3) Der Bundesrat beauftragte das VBS, die Betriebskosten zu stabilisieren, damit die geplante Erhöhung der Ausgaben für die Landesverteidigung vollumfänglich in zusätzliche Rüstungsinvestitionen fliesst. Dies ist eine Wunschvorstellung, die kaum zu verwirklichen sein wird, da die hochtechnologischen, immer komplexeren Neuanschaffungen auch Steigerungen der Wartungs- und Betriebskosten mit sich bringen werden. Konkret belaufen sich die Kosten für die Wartung und den Ersatz von Ausrüstung derzeit auf 560 Millionen pro Jahr. Im Bericht über *Die Zukunft der Luftverteidigung*, Seite 125, heisst es: «Würden rund 30 moderne Kampfflugzeuge beschafft, so ... [lägen] die jährlichen Betriebsausgaben für die Flugzeuge voraussichtlich bei rund 300 Millionen Franken; für die bodengestützte Luftverteidigung grösserer Reichweite wäre für die Instandhaltung mit Ausgaben von rund 100 Millionen Franken jährlich zu rechnen, wobei auch hier zusätzlich noch weitere, aus obgenannten Gründen zum jetzigen Zeitpunkt nicht abschliessend bezifferbare Betriebsausgaben dazukämen.» Damit wären für Instandhaltung allein für den Schutz des Luftraums mindestens 400 Millionen pro Jahr aufzuwenden, so dass für die Wartung aller weiteren Rüstungsgüter bloss 160 Millionen übrig blieben – eine völlig unrealistische Annahme – wobei auffällt, wie ungenau die Begriffe «Betrieb», «Wartung», «Instandhaltung» usw. durcheinandergewirbelt werden. Eine saubere Abschätzung der gesamten Lebenszykluskosten sieht anders aus, wurde aber vom VBS bisher nie vorgelegt.

Für die Beschaffung von neuen Mörsern, Kampfflugzeugen, Panzern usw. verfügt die Armee heute wie gesagt über 1 Milliarde Franken, was bis 2032 nach und nach auf knapp 2 Milliarden Franken pro Jahr erhöht werden soll. Dies erhöht unvermeidlich den Druck auf andere Staatsausgaben, kann doch jeder Steuerfranken nur einmal ausgegeben werden. **Budgetrestriktionen und Sparprogramme in den anderen Departementen sind die unvermeidliche Folge dieses forcierten Aufrüstungsprogramms.** Schon heute bereitet der Bundesvoranschlag dem Parlament aufgrund der Schuldenbremse Jahr für Jahr echte Kopfschmerzen...

Auf welcher Grundlage und aufgrund welcher höheren und unbestreitbaren Werte sollen wir bereit sein, in Bereichen strenge Haushaltsdisziplin zu üben, die für den Zusammenhalt des Landes wesentlich sind: Bildung, Verbilligung der Krankenkassenprämien, Altersvorsorge, Infrastruktur, Klimaschutz oder Entwicklungshilfe? Gute Frage. Die Antwort findet sich im Bericht *Die Zukunft der Luftverteidigung,* Seite 114: «**Die Wahrscheinlichkeit bleibt gering, dass die Schweiz direkt Opfer eines bewaffneten Angriffs oder in einen solchen verwickelt wird**». Der Bundesrat bekräftigt dies auf eine Interpellation (19.4529) von mir: «**Ein direkter Angriff auf die Schweiz, bei dem die ganze Luftverteidigung der Nato durchbrochen wäre, scheint aus heutiger Sicht wenig wahrscheinlich.**»

Nicht bloss wahrscheinlich, sondern sicher sind die **massiven finanziellen Folgen der Gesundheits- und Wirtschaftskrise im Zusammenhang mit der Coronavirus-Pandemie**: Um unser Gesundheitssystem zu stärken (und somit heute und morgen bereit zu sein, auf die realen Risiken unserer Bevölkerung zu reagieren), um unsere Wirtschaft und namentlich die KMU und Gewerbetreibenden zu unterstützen und um die Finanzen von Bund, Kantonen und Gemeinden zu stabilisieren, die Covid-19 stark in Mitleidenschaft zieht und ziehen wird.

Es mag viel erscheinen, heute 1 Milliarde und morgen 1,5 Milliarden oder 2 Milliarden Franken pro Jahr für den Erwerb von Rüstungsgütern auszugeben. Dennoch bleibt diese Summe lächerlich angesichts der Träume einer Grossmachtarmee im Taschenformat unserer hohen Militärs. Der Umfang der Investitionen, um unsere ziemlich veraltete Rüstung zu ersetzen, bleibt auch so unzureichend angesichts der grossen Herausforderungen, die sich aus dem spektakulären Wandel in der Art der Kriegführung ergeben, den wir in den letzten 20 Jahren erlebt haben. Die Kriege im Irak, in Afghanistan, in Libyen und in Jemen führen uns die Revolution der eingesetzten Strategien und Technologien vor Augen. Drohnen und Lenkwaffen werden immer kostengünstiger und immer präziser. **Dem stehen westliche Armeen gegenüber, die zu einem System ausgeklügelter Systeme werden sollen,** deren Interventionsmittel es angeblich ermöglichen, nacheinander ein Ziel aufzuspüren, es präzise zu erkennen und dann durch einen fast millimetergenauen chirurgischen Schlag zu zerstören. Aber diese «technisch-militärische Exzellenz» führt nicht immer zum Ziel und trägt zudem ein enormes Preisschild. Sie ist wenigen Ländern vorbehalten, die zu riesigen Investitionen im Bereich der militärischen Forschung und Entwicklung fähig sind, allen voran die Vereinigten Staaten, Israel und in Zukunft möglicherweise China.[24]

3.4   Und die Zukunft?

Die Kriegführung ist im Wandel begriffen, und eines der Hauptziele moderner westlicher Armeen besteht heute darin, die **Zahl der Opfer zu minimieren.** Der Soldat ist zu einer knappen und wichtigen Ressource geworden, und allein minimale menschliche Verluste bewahrt in der Bevölkerung die Akzeptanz militärischer Einsätze durch westliche Armeen. Pascal Boniface hält dazu in *Comprendre le monde*[25] fest: «Sofern nicht das eigene Territorium auf dem Spiel steht, fiele es der öffentlichen Meinung schwer, Opfer ihrer Soldaten zu akzeptieren. Wir können daher nur mit der Gewissheit militärisch intervenieren, sofern wir unsere Soldaten

---

[24] MALIS, Christian : *Guerre et stratégie au XXIe siècle*. Paris, Fayard, 2014.
[25] BONIFACE, Pascal : *Comprendre le monde*. Paris, Armand Colin, 2017.

nicht in Gefahr bringen.» Moderne Armeen sind deshalb zahlenmässig klein, aber gut bewaffnet mit sehr gut ausgebildeten und untereinander vernetzten Soldaten, die nicht unnötigen Risiken ausgesetzt sind.

Die Zukunft hat bereits begonnen. Das angesprochene Problem wird namentlich mit der **Robotisierung moderner Armeen** beantwortet, bereits verwirklicht mit bewaffneten Drohnen, die eine unbemannte Kriegführung und damit für eigene Soldaten risikofreie Angriffe ermöglichen. Die US-Streitkräfte setzen diese gegen dschihadistische Führer in ihren Verstecken an den Grenzen Pakistans oder Afghanistans ein – oft verbunden mit zahlreichen Opfern unter der unbeteiligten Zivilbevölkerung – oder in jüngster Zeit bei der gezielten Ermordung eines iranischen Generals in der Nähe des Flughafens von Bagdad.

Innerhalb weniger Jahre **sind Drohnen zu militärischen Standardwaffen geworden.** Nach den ersten gezielten Schlägen, die Anfang der 2000er Jahre, nach dem 11. September 2001, versuchsweise gegen Mitglieder von Al-Qaida durchgeführt wurden und die Anlass zu Kontroversen über ihren rechtlichen und ethischen Charakter gaben, hat diese neue Waffe einen langen Weg zurückgelegt. Inzwischen scheinen Drohnen eine völlig konventionelle Bewaffnung darzustellen. Viele Länder haben sie; die Zahl der Drohnen und ihrer Ausrüstung nimmt zu, und ihr Einsatz ist auf allen Schlachtfeldern und instabilen Regionen der Welt verbreitet. Mit einer Vielzahl von Missionen: Beobachtung, Aufklärung, Artillerieunterstützung oder «chirurgische» Luftangriffe. Führend sind die USA, Israel und China. Auch die Schweiz beschafft unbewaffnete israelische Aufklärungsdrohnen. Wegen ihrer geringen Kosten ist die Drohne auch die Waffe des armen Mannes, eine Waffe, die perfekt in die Logik der hybriden Kriegführung passt – zur Durchführung von Angriffen, zur Überwachung oder Zerstörung von Waffen wie Artillerie oder Panzerung.

Der **Roboter ermöglicht es,** Effizienz und Schutz des Kämpfers zu erhöhen und weniger Soldaten einzusetzen. Laut US-Army könnten bis 2035 die Überwachung, militärische Aufklärung, Telekommunikation, Angriffs- und Unterstützungsmissionen im Wesentlichen Robotern anvertraut werden. Einige stellen sich einen echten Roboterschirm vor, der den traditionellen Kampftruppen auf dem Schlachtfeld vorausgeht, um den ersten und damit gefährlichsten Kontakt mit dem Feind sicherzustellen und ohne Risiko Sprengkörper, Raketen, Panzer und Artillerie auszuschalten. In 10, 15 oder 20 Jahren könnten in Truppen zusammengefasste und mit künstlicher Intelligenz ausgestattete Roboter die kämpferische Vorhut künftiger Armeen sein. Und Hybrid-Luftflotten werden bemannte und unbemannte Flugzeuge kombinieren.[26]

Diese Bewaffnung der Zukunft ist kein Traum mehr, sondern eine geplante Realität, die in den kommenden Jahrzehnten verwirklicht werden dürfte, freilich mit exorbitanten Kosten, die sich nicht alle leisten können.

Die Vereinigten Staaten scheinen mit jährlichen Verteidigungsinvestitionen in Höhe von über 730 Milliarden Dollar am besten in der Lage zu sein, diese entscheidenden technologischen Fortschritte zu erzielen – anders als die Mehrheit der europäischen Staaten, die ihre Militärausgaben nach 1990 sehr stark reduziert haben – die Militärausgaben aller europäischer NATO-Mitgliedstaaten belaufen sich auf rund 280 Milliarden Dollar. Um in der neuen Welt der Rüstung konkurrenzfähig zu sein, geht es um Mittel, welche die finanziellen Möglichkeiten der meisten Länder bei weitem übersteigen. Und unser Land bildet da keine Ausnahme.

Es ist unvorstellbar, diese neuen Waffen der Zukunft selbst zu entwerfen, zu entwickeln und herzustellen. Damit bleibt die Möglichkeit, sie zu erwerben. Aber Spitzenleistungen haben ihren Preis, der oft unerschwinglich ist. Die wenigen Länder wie die USA, Israel und zunehmend China, die in diesem Bereich viel investieren, werden immer einen Schritt, oder besser gesagt, mehrere Schritte voraus sein.

---

[26] MALIS, Christian : *Guerre et stratégie au XXIe siècle*. Paris, Fayard, 2014.

Angesichts der jüngsten Entwicklungen in diesem Bereich und dem skizzierten Aufkommen neuer Mittel zur Kriegführung (chirurgische Bombardierungen, Drohnen, künstliche Intelligenz), angesichts der sehr umfangreichen Investitionen, die unser Land tätigen müsste, um ein militärisches Fähigkeitsniveau zu erreichen, das dennoch in jedem Fall mittelmässig bliebe, kann man sich zu Recht fragen, ob die Schweiz noch lange Zeit den Eindruck erwecken kann, «dass sie sich aus eigener Kraft wirksam verteidigt». Die Beschaffung moderner, leistungsfähiger Rüstungsgüter ist eine Sache, aber ihre professionelle Bedienung, Instandhaltung und regelmässige Werterhaltung und Erneuerung eine andere. Über den Lebenszyklus eines Kampfflugzeugs zum Beispiel hat uns das Gripen-Dossier 2014 gelehrt, dass von den Gesamtkosten für die Beschaffung hoch entwickelter militärischer Ausrüstungen wie ein Kampfflugzeug ein Drittel auf die Beschaffung selbst, ein Drittel auf die Wartung und ein Drittel auf Werterhaltung und Erneuerung entfällt. Für den im Unterhalt als günstig geltenden Gripen hätten somit die Gesamtkosten das Dreifache des Kaufpreises betragen. Für die weit komplexeren Kampfflugzeuge der vierten und fünften Generation wird inzwischen mit dem Vier- und Fünffachen gerechnet – ein Fass ohne Boden.

3.5 Die neuen Kriege: asymmetrische Kriege

Neben immer ausgefeilteren technologischen Mitteln verändert auch der Wandel der Protagonisten die Art und Weise der Kriegführung im Kontext der «neuen Kriege» – «*new-war*» – tiefgreifend.

Während traditionelle Kriege in den letzten Jahrhunderten das Aufeinandertreffen der Armeen zweier Länder oder von Länderkoalitionen im Sinne des westfälischen Rechts bedeutete, ist diese Art der bewaffneten Konfrontation in den letzten Jahrzehnten allmählich verschwunden. Der demokratische Fortschritt in vielen Ländern auf der ganzen Welt ist ein Erklärungsfaktor, da demokratische Staaten in der Regel Konflikte auf dem Verhandlungsweg friedlich lösen. **Die Verbreitung demokratischer**

Werte in der ganzen Welt fördert den Frieden. Die Schaffung der Vereinten Nationen und von Institutionen wie der OSZE oder der NATO, internationale Lernprozesse im Bereich der Konfliktbearbeitung und -lösung sowie in gewissen Fällen die militärische Abschreckung tragen zusätzlich dazu bei, die Häufigkeit traditioneller Kriege deutlich zu verringern.

Dennoch gibt es leider immer noch kriegerische Konflikte, aber meist in veränderter Form innerhalb eines Staates, sei es zwischen zwei nicht-staatlichen Fraktionen oder zwischen dem Staat und einer lokalen Guerilla. Gemäss Aymeric Chauprade – er wird von Olivier Zajec in *Introduction à l'analyse géopolitique : Histoire, outils, méthodes*[27] zitiert –, «ist der wichtigste zeitgenössische Faktor von Konflikten das häufige Missverhältnis zwischen Staat und Ethnizität. Heute gibt es mehr innerstaatliche als zwischenstaatliche Konflikte, weil bestimmte ethnische Gruppen den Platz, den sie innerhalb der Staatsgrenzen einnehmen, anfechten.»

Konflikte zwischen zwei Parteien, die nicht den gleichen Status und die gleichen Mittel haben, sind zur Regel geworden: Die Revolte der Schwachen gegen einen starken Staat. Die unterschiedliche militärische Leistungsfähigkeit zweier Kriegsparteien zwingt die Schwachen, ihre Taktik anzupassen, die direkte Konfrontation zu vermeiden, die für sie fatal wäre, und **die Waffen der Schwachen zu wählen, den Terrorismus oder den Guerillakrieg**, was reguläre Armeen vor grosse Probleme stellt.

Traditionelle Kriege wie jener gegen den Irak 2003 zeigten deutlich die überwältigende militärische Überlegenheit einer Koalition westlicher Staaten mit gut ausgebildeten, gut ausgerüsteten Streitkräften. Sie besiegte Saddam Husseins Armee in einer Art «Blitzkrieg» mühelos. Wenige Jahre zuvor erlitt Milosevics Serbien das gleiche Schicksal, später die Taliban-Truppen in Afghanistan oder Gaddafis Armee in Libyen. Der anfängliche Sieg war einfach und beruhte auf einer überwältigenden Luftüberlegenheit.

---

[27] ZAJEC, Olivier : *Introduction à l'analyse géopolitique : Histoire, outils, méthodes. Monaco*, Éditions du Rocher, 2016.

Das irakische, afghanische und libysche Beispiel zeigen uns jedoch deutlich, dass die wahren Probleme erst nachher beginnen: Die unsichtbar Besiegten, die perfekt in ihr Umfeld integriert sind und sich auf die Zivilbevölkerung stützen, entscheiden sich für Terrorakte und Guerillakrieg, eine Strategie, die den Besatzer und neuen Machthaber destabilisiert, schwere Verluste zufügt und zu einem immer grösseren materiellen und menschlichen Aufwand zwingt. Das führt auf lange Sicht zu Ratlosigkeit und entmutigt in einem Ausmass, dass die öffentliche Meinung in den westlichen Ländern kippt und die Berechtigung und den Preis der Intervention hinterfragt. Die westlichen Koalitionen verfehlten ihre politischen Ziele gründlich. Der Sturz der Regierungen von Saddam Hussein, der Taliban und von Muammar Gaddafi hat den Weg für eine Zukunft in Frieden, Sicherheit, Demokratie und Wohlstand für die Völker des Irak, Afghanistans und Libyens nicht geebnet, sondern im Gegenteil zu täglichem Chaos und Terror geführt. Diese niederschmetternde Erfahrung ist zweifellos der Hauptgrund – neben dem fehlenden Erdöl in Syrien –, dass die westlichen Mächte Baschar al-Assad sein Volk haben ermorden lassen, ohne irgendwie einzugreifen.

Das afghanische, irakische und libysche Beispiel zeigt die Nutzlosigkeit von Kriegen auf, die allein auf einer erdrückenden militärischen Überlegenheit beruhen: «Moderne Kriege machen deutlich, dass ein umfassender Ansatz zur Krisenbewältigung unverzichtbar ist, der weit über den Einsatz militärischer Mittel hinausgeht.»[28] Der Ineffizienz militärischer Interventionen steht die oft zu wenig gewürdigte **Erfolgsbilanz der Friedenseinsätze unter der Führung der UNO** gegenüber: Das System der kollektiven Sicherheit, das auf der Unparteilichkeit der UNO und dem Einsatz von Truppen zwischen den Parteien mit dem Ziel der Deeskalation beruht, hat zahlreiche Konflikte tatsächlich befriedet und den Weg zu nachhaltigen Friedenslösungen geebnet.

---

[28] SATGE, Vincent et LAURENT, Jean-Marc : *Conflictualités modernes et postures de défense*. Paris, La documentation Française, 2018.

Viele sprechen heute von **hybrider Kriegführung** – ein wenig klar definierter Begriff, der für viele Formen gewaltsamer Angriffe verwendet wird. Sie erfolgt oft mit leichter, herkömmlicher Ausrüstung, aber ungewöhnlicher Kampftaktik, in Form von Terroranschlägen, Cyberangriffen oder gar wirtschaftlichen Vergeltungsmassnahmen. Von hybrider Gewalt sprechen einige auch beim Einsatz subversiver, auf ein strategisches Ziel ausgerichteter militärischer, paramilitärischer oder ziviler Mittel.

Mit dem Begriff der hybriden Kriegführung wird betont, dass die neuen Kriege, mit denen wir es in Zukunft zu tun haben, asymmetrischer Art sind, Konflikte der Schwachen gegen die Starken sowie – wie in der Ukraine – Kriege verdeckt operierender Söldner gegen staatlich verfasste Truppen. Für ein Land wie die Schweiz sind die Risiken in diesem Bereich vorab mit Terrorismus oder dem Cyberproblem verbunden. Um solchen Gefahren zu begegnen, braucht es in erster Linie Polizeikräfte, Grenzwächter oder Spezialisten für Cyberkriminalität, aber nicht die Armee.

Am besten haben diese Überlegungen Amaël Cattaruzza und Pierre Sintès in ihrem Buch *Géopolitique des conflits,*[29] Seite 111 zusammengefasst: «Die Staaten sind weniger mit zwischenstaatlicher Kriegführung als mit neuen, oft transnationalen Gefahren (Menschenhandel, Terrorismus, Cyber-Terrorismus, grenzüberschreitende Kriminalität usw.) konfrontiert, die neue Formen des Kampfes mit sich bringen. Strategisch treten damit Fragen der Landesverteidigung, die sich auf den territorialen Schutz der Nation beziehen, gegenüber umfassenderen Sicherheitsfragen in den Hintergrund. Zivile und militärische Organe arbeiten in den verschiedenen Interventionsgebieten vermehrt zusammen und gehen auf neuartige Risiken (gesundheitliche, ökologische, wirtschaftliche) ein. Damit verändert und erweitert sich der **Sicherheitsbegriff** selbst. Früher dem militärischen und zwischenstaatlichen Bereich vorbehalten, wird er heute von den Vertretern des Konzepts der **menschlichen Sicherheit** verwendet.»

---

[29] CATTARUZZA, Amaël et SINTÈS, Pierre : *Géopolitique des conflits.* Paris, Bréal, 2016.

3.6 Konzeptionelle Revolution in der Zukunft der Landstreitkräfte und welche Zukunft für den Panzer?

Der jüngste Grundlagenbericht des VBS über die *Zukunft der Bodentruppen* schlägt eine erstaunlich revolutionäre (kaum wahrgenommene) Änderung des Einsatzkonzepts der Landstreitkräfte vor: **Das Ende des Konzepts der territorialen Verteidigung und den Übergang zu einer Armee, um auf die Gefahren der hybriden Kriegführung zu reagieren**. Das konzeptionelle Ziel des Einsatzes der Armee wäre in Zukunft nicht mehr die Verteidigung eines Territoriums, die Verhinderung einer Invasion eines Nachbarlandes oder eines anderen Staates, sondern die Möglichkeit, auf einen hybriden Krieg mit all seinen Bedrohungen, vor allem Terrorismus oder Cyberangriffe, zu reagieren: Eine konzeptionelle Revolution. Vorbei sind die Zeiten, Truppen vorrangig an den Landesgrenzen zu mobilisieren und diese exzessiv mit Kampfpanzern oder Minenwerfern auszurüsten. Stattdessen geht es nun um mobile Truppen, die mit Einsätzen zur Unterstützung der Polizei beauftragt werden, um diese oder jene Infrastruktur zu sichern und die Menschen zu schützen. Dies ist eine willkommene Entwicklung, die endlich die geostrategische Lage der Schweiz berücksichtigt, die inmitten befreundeter Länder liegt und in der kein potenzieller Feind bekannt wäre, der sie angreifen könnte. Andererseits sind Angriffe mit Hybridcharakter nach wie vor möglich.

Doch wie wird diese überfällige konzeptionelle Ausrichtung an neue Realitäten umgesetzt? Die Antwort lautet: bisher überhaupt nicht. Die Rüstungsprogramme orientieren sich nach wie vor an längst vergangenen Kriegsszenarien. Nachdem soeben 400 Millionen für neue Minenwerfer ausgegeben wurden, schlägt der Bundesrat im Rüstungsprogramm 2020 vor, weitere 438 Millionen Franken in die Verlängerung der Lebensdauer der Schützenpanzer 2000 zu investieren – dies mit folgender lapidarer Erklärung: «Die Armee muss auch in Zukunft militärische Bedrohungen abwehren können. Dazu müssen die Bodentruppen in der Lage sein, den beweglichen Kampf zu führen. In den mechanisierten Verbänden wird diese

Fähigkeit heute mit dem Schützenpanzer 2000 abgedeckt. Er wird im Verbund mit dem Panzer 87 Leopard eingesetzt. ... Die Schützenpanzer 2000 zählen weltweit immer noch zu den besten ihrer Klasse...»

Ich komme nicht umhin, ein seltsames Gefühl der Inkonsequenz zu empfinden. Der Bericht über die *Zukunft der Bodentruppen* scheint sich auf den ziemlich opportunistischen Gebrauch eines modischen Konzepts – des Begriffs der hybriden Bedrohung – zu beschränken. Sicher, Papier ist geduldig. Dennoch erwarte ich, dass sich die neuen konzeptionellen Vorgaben konkretisieren, indem weniger in die überkommenen Bereiche der Landesverteidigung investiert wird. In Wirklichkeit hat man jedoch den Eindruck, dass sich in der militärischen Welt der Schweizer Generalität nichts ändert: Die Priorität bleibt bei der Beschaffung neuer Kampfflugzeuge, Mörser, Panzerhaubitzen und dem Erhalt von Schützenpanzern.

All diese besonders kostspieligen Grosswaffensysteme sind freilich im Wesentlichen typische Rüstungsgüter für den traditionellen Einsatz von Streitkräften, die versuchen, ein Territorium zu verteidigen und eine konventionelle feindliche Streitmacht ab Landesgrenze abzuwehren – als ob es nie eine Debatte über die Realitäten von *«new-war»* gegeben hätte.

Panzer, die ultimative Waffe?

Ich frage mich: Welche Zukunft haben Kampf- und Schützenpanzer in unserem Land? Soll unsere Armee tatsächlich weiterhin eine grosse Anzahl von Panzern zur Verfügung haben, wenn wir die realen Bedrohungen unseres Landes berücksichtigen und über den weltweit hinterfragten Nutzen von Panzern und ihrer Zukunft nachdenken?

Mich hat dieses Thema sehr beschäftigt, als ich 2017 ein Buch von Jean-Claude Delhez las: *Chars d'assaut: un siècle d'imposture.*[30] Darin hinterfragt der Autor ohne Zögern die ursprüngliche Rolle, die dem Panzer

---

[30] DELHEZ, Jean-Claude : *Chars d'assaut : un siècle d'imposture.* Paris, Éditions Jourdan, 2017.

in einer ganzen Reihe von berühmten Schlachten zugeschrieben wird, insbesondere im Blitzkrieg vom Juni 1940, als die Deutschen in Frankreich einmarschierten. Und er widerlegt mit Beispielen, dass die deutschen Panzer damals und bei weiteren Aktionen in ihrem Frankreich-Feldzug jemals eine entscheidende Rolle gespielt hätten.

Noch interessanter finde ich, dass sich die Analyse auf den Nutzen und die Fähigkeiten, oder besser gesagt, die Schwächen der heutigen Panzer konzentriert...

«Der Jom-Kippur-Krieg 1973 bildet in der Militärgeschichte einen Donnerschlag.» Israelische Panzer, angeblich unbesiegbar, wurden von ägyptischen Raketen und Flugkörpern massenhaft besiegt. Der Übeltäter: die **Hohlladung**, eine Technik, die auf den letzten Krieg zurückgeht und die seither, wenn ich so sagen darf, ihre Adelung erfahren hat. Wie so oft, ist die Defensive auch in diesem Bereich der Offensive weit überlegen…

Wikipedia sagt uns, dass eine Hohlladung eine Art von Munition ist, die dazu dient, Panzerungen zu durchschlagen. Sie besteht aus einem Zylinder, der die Ladung enthält und über dem ein metallbeschichteter Kegel sitzt. Beim Aufprall wird ein Zünder aktiviert, der die Ladung zur Entzündung bringt, die bei der Explosion den Metallkegel mit unglaublicher Kraft vorwärts treibt. Die gesamte Kraft der Explosion konzentriert sich auf einen sehr kleinen Bereich des Ziels, und das verformte Metall wirkt wie ein Pfeil, der die Panzerung durchschlägt. Die Ladung wirft ein Bündel aus Metall und brennendem Gas in den Panzer, das die Besatzung erreicht und die Munition entzünden kann, worauf der Panzer explodiert.

Um zu funktionieren, muss die Hohlladung explodieren, wenn sich der Metallkegel in unmittelbarer Nähe der zu zerstörenden Panzerung befindet. Wenn die Hohlladung als Reaktion auf den Kontakt mit etwas anderem zu früh explodiert, wird sie nur oberflächlichen Schaden verursachen.

Dieser Schwachpunkt wurde ausgenutzt: Die Schweden entwickelten einen Schutz, der aus zwei durch einen Spalt getrennten Panzerschichten besteht, und die Russen erfanden einen Verbundpanzer mit einer Keramikschicht zwischen den beiden Stahlschichten. Diese Techniken haben sich als wirksam erwiesen. Herkömmliche Hohlladungen verlieren ihre Durchschlagskraft, wenn sie nicht direkt auf die innerste Panzerung einwirken können. Ab den 1980er Jahren wurde diese neuartige Panzerung hauptsächlich an der Vorderseite des Panzers installiert. Aber dies löst nicht alle Probleme, denn es ist nicht überall möglich, die Panzerung zu verdoppeln. Der Panzer wird sonst zu schwer und notwendigerweise bleiben Schwachstellen bei der Kanone, im Sichtbereich oder an der Oberseite. Man verdoppelt also die Panzerung, wo immer man kann: am Boden, an den Flanken, und das Gewicht des Panzers steigt und steigt...

Und gleichzeitig entwickeln sich die Panzerabwehrtechnologien und zielen auf die Schwachstellen, vor allem auf das Dach und den Turm... Speziell entworfene Raketen, Granaten, die über den Panzern abgeschossen werden und intelligente Panzerabwehr-Submunitionen enthalten, die sanft auf die Panzertürme herabfallen und explodieren. Darauf gibt es von den Panzerherstellern nur eine Antwort: Das Panzerdach verstärken...

Die Grenze für diesen maximalen Schutz wird in Tonnen berechnet; einige Tanks überschreiten 60 Tonnen, was zu anderen Problemen führt: eingeschränkte Mobilität, enormer Benzinverbrauch und logistische Abhängigkeit von der Treibstoffversorgung, Abnutzung von Teilen aufgrund mechanischer Beanspruchung, aufwändiger Pannendienst in schwierigem Gelände (zwei weitere Tanks sind erforderlich, um einen abzuschleppen, mit dem zusätzlichen Bonus eines dritten zum Schutz), Beschränkungen der Durchfahrt der Panzer: Brücken, Wälder, Feuchtgebiete, Sümpfe, steil abfallende Gebiete, städtische Gebiete mit engen Räumen.

Der Panzer ist also ein sehr zerbrechliches, in seiner Beweglichkeit begrenztes Monster, das zum Ziel zahlreicher Zerstörer geworden ist, unabhängig davon, ob sie eine Hohlladung verwenden oder nicht: Raketen, Lenkwaffen, leichte Schnellfeuergeschütze, Raketen, Minen, die beim

Vorbeifahren des Panzers explodieren und ihn bewegungsunfähig machen, Molotow-Cocktail. Denn die Angriffe treffen:

- Die Panzerung mit den bekannten Folgen (Hohlladung).
- Alle unzureichend geschützten Bereiche, insbesondere die Oberseite des Panzers und sein Raupen- und Kettenlaufwerk.
- Den Motor und insbesondere seine Abgasanlage (ein idealer Schwachpunkt für einen Molotow-Cocktail).
- Die Kanone, die den Panzer bereits bei einer geringsten Beschädigung hilflos macht.
- Sensoren, die es der Besatzung ermöglichen, den Panzer zu steuern und sich selbst zu verteidigen: Ihre Zerstörung macht sie blind.

Waffen, die einen Panzer zerstören oder funktionsunfähig machen, sind nicht nur vielfältig und wirksam, sie haben auch den Vorteil, dass sie im Verhältnis ausgesprochen kostengünstig sind.

Jean-Claude Delhez beendet seine Überlegungen mit zwei wichtigen Fragen – und gibt gleich selbst die ernüchternden Antworten:

- Wozu ist ein Panzer nützlich? Er besitzt eine besonders lange und leistungsstarke Kanone für grosskalibrige, panzerbrechende Munition; alles andere, Panzerung, etc. dient allein dem Schutz dieser Munition.
- Wozu ist die Kanone des Panzers gut? Um einen anderen Panzer zu zerstören.

Kurz: Ein Panzer dient in erster Linie dazu, andere Panzer zu zerstören. Dafür gibt es heute aber zahlreiche andere, weniger riskante und viel kostengünstigere Wege. Die technologische Entwicklung ist noch nicht zu Ende, wenig überraschend könnte der letzte Schlag gegen den Panzer von Drohnen kommen. Man stelle sich vor, wie Drohnenschwärme auf ein Schlachtfeld abgeschossen werden und sanft und lautlos auf einem Panzer nach dem anderen oder auf anderen Waffen landen, beispielsweise angezogen von der Hitze... bevor diese alle explodieren...

Eine Eigenschaft, die dem Panzer möglicherweise verbleibt, liegt in seiner Fähigkeit, Angst und Panik hervorzurufen. Aber mit den Worten von Jean-Claude Delhez werden wir dazu sagen, dass «der Panzer uns an den Ritter in glänzender Rüstung am Ende des Mittelalters erinnert»...

Die richtigen Entscheidungen treffen

Ja, unser Land muss über Mittel verfügen, um die Menschen vor hybriden und anderen Gefahren, die unser Land tatsächlich bedrohen könnten, zu schützen. Aber in Panzer und Artillerie zu investieren, ist nicht der richtige Weg, um dies zu erreichen. **Es liegt auf der Hand, dass wir über die veraltete Sichtweise hinausgehen müssen, es sei prioritär ein Territorium gegen einen hypothetischen unbekannten und staatlich verfassten Feind zu verteidigen, der bei uns einfallen wolle.** Es gibt zwar Bedrohungen, aber sie erfordern vorab die Stärkung der Polizeikräfte, die an vorderster Front stehen.

Unsere Armee muss verkleinert, die Zusammenarbeit mit unseren Nachbarn und Freunden verstärkt werden. Wir müssen die logischen Schlussfolgerungen aus der Chance ziehen, mitten in Europa positioniert zu sein. Und ins Auge fassen, deutlich weniger für den Erwerb von Rüstungsgütern zur Bekämpfung der Kriege der Vergangenheit auszugeben.

Kapitel 4

Analyse der Sicherheitsrisiken der Schweiz

4.1 Ein konventioneller Krieg mitten in Europa ist aus menschlicher Sicht kaum vorstellbar

Die Schweiz liegt im Herzen Europas, umgeben von befreundeten Ländern, stabilen Demokratien, mit denen wir wirtschaftlich, politisch, kulturell und vielen weiteren Bereichen eng zusammenarbeiten. Seit den neunziger Jahren gab es in Europa mehrere Konflikte, zunächst im ehemaligen Jugoslawien und später in den direkt an Russland angrenzenden Ländern. Sie gehören weder der Europäischen Union noch der NATO an, standen seinerzeit unter sowjetischem Einfluss und bilden heute Überreste einer Pufferzone, in welcher Russland um jeden Preis seinen Einfluss zu wahren versucht. Dennoch ist es unwahrscheinlich, dass diese Konflikte in einem Mass eskalieren, dass sie die Sicherheit in Europa grossräumig beeinflussen könnten.

Im Gebiet des ehemaligen Jugoslawiens haben die Spannungen deutlich nachgelassen; Kosovo und Serbien hoffen, mittelfristig der Europäischen Union beitreten zu können, und beide Nationen wissen, dass sie Zugeständnisse machen müssen, um dieses für sie wichtige politische Ziel zu erreichen. In manchen Gebieten des Kosovo ist nicht alles einfach. Namentlich die Stadt Mitrovica symbolisiert noch immer die Teilung des Landes; hier belauern sich die serbische und albanische Gemeinschaft je am anderen Ufer des Flusses Ibar, der als natürliche Grenze fungiert. Es wird noch einige Zeit dauern, aber wir beobachten eindeutig eine Tendenz zur Beruhigung vor Ort, auch wenn es unbedingt erforderlich bleibt, dass die KFOR-

Truppen ihre befriedende Rolle zwischen den Parteien noch einige Jahre lang fortsetzen, zur Sicherheit von Gütern und Menschen beitragen und so bessere Bedingungen für den wirtschaftlichen Aufschwung des Kosovo schaffen – ein Schlüsselelement für die Gewährleistung seiner Stabilität und Entwicklung der Demokratie. **Denn Sicherheit und Entwicklung gehen Hand in Hand.**

Angesichts der Ambitionen Russlands gegenüber seinen Nachbarländern bestehen eindeutig noch Spannungen, insbesondere in der Ukraine. Eine allfällige Ausweitung des Konflikts wird die Schweiz aber nicht direkt betreffen, sind wir doch durch den NATO-Schild geschützt, der seine Wirkung auf dem gesamten Kontinent entfaltet. Wir sind von NATO-Mitgliedstaaten umgeben, mit Ausnahme Österreichs, das Mitglied der Europäischen Union ist. Jeder militärische Angriff gegen unser Land müsste sich vorher auf die NATO-Mitgliedstaaten auswirken, was gemäss Artikel 5 des Washingtoner Vertrags zum sofortigen Einsatz des mächtigsten Bündnisses der Welt führen würde, um unsere angegriffenen Nachbarländer und damit indirekt auch unser Land zu schützen.

Das Fehlen eines objektiven Risikos, dass unser Land in Zukunft mit einem bewaffneten Konflikt konfrontiert sein könnte, wird vom Bundesrat bestätigt. In seinem letzten Bericht über *Die Sicherheitspolitik der Schweiz* vom 24. August 2016 stellte er am Ende des mit «Bewaffneter Angriff» überschriebenen Kapitels 2.2.4 fest: «Insgesamt lässt sich sagen, dass eine direkte Bedrohung durch einen bewaffneten Angriff auf die Schweiz – ob im herkömmlichen Sinne oder in unkonventioneller Form – für die nächsten Jahre wenig wahrscheinlich ist. Es sind keine Staaten oder Gruppierungen erkennbar, die sowohl über die notwendigen Fähigkeiten verfügen, die Schweiz mit militärischen Mitteln anzugreifen, als auch entsprechende Absichten hegen.»[31]

---

[31] *Die Sicherheitspolitik der Schweiz.* Bericht des Bundesrates vom 24. August 2016.

Regelmässig wird auf das Erstarken der russischen Armee hingewiesen, die potenziell wieder bedrohlich geworden sei. Auch wenn von den russischen Atomwaffen eine echte Bedrohung ausgeht, so sei doch daran erinnert, dass die Vereinigten Staaten, der Pfeiler der NATO, elfmal mehr in ihre Verteidigung investieren als Russland (Anhang 1). Dies sieht auch der Expertenbericht *Zukunft der Luftverteidigung* von 2017 so:[32] «Auch mittelfristig dürften die russischen Streitkräfte kaum in der Lage sein, raumgreifende Operationen grossen Ausmasses gegen die Nato zu führen. Dazu fehlen ihnen insbesondere die Fähigkeiten zur Erringung einer ausreichenden Luftüberlegenheit.»

Wir sollten zudem über die Frage nachdenken, warum Staaten gegeneinander Krieg führen könnten. Christian Malis stellt in seinem Buch *Guerre et stratégie au XXIe siècle*[33] fest: **«Es gibt drei übliche Quellen für Spannungen zwischen Staaten, die in einen Konflikt ausarten können: der Wille zu einer regionalen Vorherrschaft, die Kontrolle über Ressourcen wie Energie oder Rohstoffe sowie die Rivalität zwischen Identitäten auf historischer, ethnischer oder religiöser Grundlage».** Keine dieser Voraussetzungen trifft auf die Schweiz und ihre näheren und ferneren Nachbarn zu.

Ein traditioneller Krieg ist aus menschlicher Sicht mitten in Europa unvorstellbar, noch weniger unter Einbezug der Schweiz. Aber es bleibt eine Tatsache, dass unser Land mittelfristig mit plausiblen Bedrohungen ihrer Sicherheit konfrontiert werden könnte. Hier folgt der Katalog...

---

[32] *Luftverteidigung der Zukunft: Sicherheit im Luftraum zum Schutz der Schweiz und ihrer Bevölkerung.* Bericht der Expertengruppe Neues Kampfflugzeug, Eidgenössisches Departement für Verteidigung, Bevölkerungsschutz und Sport (VBS), 2017.

[33] MALIS, Christian : *Guerre et stratégie au XXIe siècle.* Paris, Fayard, 2014.

4.2 Terrorismus

Seit einigen Jahren sind wir hilflos und verblüfft Zeugen von Terrorakten, von Handlungen, die Einzelpersonen oder kleine Gruppen im Namen des Islamischen Staates, aus rechtsextremistischem Hass oder aus anderen Gründen begangen haben. Wir müssen Klartext reden: **Unser Land kann zu einem potenziellen Ziel werden, und der Kampf gegen den Terrorismus muss eine Priorität unserer sicherheitspolitischen Ziele sein.**

Amaël Cattaruzza und Pierre Sintès zitieren in *Géopolitique des conflits*[34] François Géré, der in *Pourquoi le terrorisme?*[35] Terrorismus als eine gewalttätige Handlungsweise im Bruch mit den allgemein anerkannten Regeln des Krieges definiert, unterschiedslos Zivilisten und militärische Ziele angreift und auf Überraschung und Unmittelbarkeit beruht. Diese Elemente tragen zu jener grandiosen Inszenierung bei, welche die Aufmerksamkeit der Medien erregen soll. Dieser selektive oder unterschiedslose Einsatz von spektakulärer physischer Gewalt in Friedens- oder Kriegszeiten soll in der Bevölkerung und ihren Behörden einen Zustand psychologischer Schockstarre erzeugen, um die Verwirklichung der politisch-ideologischen Ziele der Terroristen voranzubringen. Rumu Sarkar erinnert uns in *Une symétrie de la peur*[36] – auch zitiert in *Géopolitique des conflits* – daran, dass Terrorismus ursprünglich eher territorialer Natur mit einer regionalistischen, Unabhängigkeits- oder irredentistischen Ausrichtung war (IRA in Nordirland: Gegen das Vereinigte Königreich; ETA im Baskenland: Gegen Spanien; PLO in Palästina: Gegen Israel). Hervorzuheben ist in jener Zeit zudem der extremistische Terrorismus namentlich der extremen Linken (etwa der Roten Armee Fraktion). Seit den Anschlägen vom 11. September 2001 steht der globale, auf einer Ideologie oder Religion beruhende Terrorismus im Mittelpunkt. Das gilt namentlich für

---

[34] CATTARUZZA, Amaël et SINTÈS, Pierre : *Géopolitique des conflits*. Paris, Bréal, 2016.

[35] GÉRÉ, François : *Pourquoi le terrorisme ?* Paris, Larousse, 2006.

[36] SARKAR, Rumu : *Une symétrie de la peur. Un nouvel équilibre mondial des puissances ?* Paris, éditions CLD, 2008.

74

die **dschihadistische Ideologie** mit Terroristen aus Schläferzellen, die schwer aufzuspüren sind und die wahrscheinlich überall und jederzeit zuschlagen können – in arabischen Ländern, Afrika oder der westlichen Welt. Der Terrorismus ist zu **einer globalen Herausforderung** geworden. In Deutschland und anderen europäischen Staaten stieg zudem in jüngster Zeit die Anzahl rechtsextremistischer Terroranschläge wieder erschreckend an.

Der Kampf gegen den Terrorismus in der Schweiz umfasst mehrere Arten von Massnahmen:

- **Die Stärkung unseres Nachrichtendienstes**, die das 2016 in der Abstimmung gutgeheissene Gesetz ermöglicht, sowie die Stärkung des militärischen Nachrichtendienstes. In einer komplexen Welt, in der hybride Angriffsformen zur Regel geworden sind, ist die Früherkennung von Krisen und drohenden terroristischen Anschlägen für die Behörden eine Priorität. Diese alltägliche Herausforderung kann nur durch das Sammeln und Auswerten möglichst vieler Daten und die Zusammenarbeit mit den Nachrichtendiensten befreundeter Länder bewältigt werden. Informationen ermöglichen es dem Staat, bestmögliche und rechtzeitige Entscheidungen zu treffen und gefährliche Ereignisse so weit wie möglich zu verhindern. Es handelt sich um einen komplexen Prozess, von dem die Bevölkerung greifbare Ergebnisse erwartet und gleichzeitig die **volle Achtung der individuellen Freiheiten und vollständige Transparenz.** Das ist kaum möglich... Alle diese Verfahren müssen von höchster Geheimhaltung gekennzeichnet sein, was bedeutet, bestimmte Freiheiten einiger weniger Personen im Interesse der breiten Bevölkerung vorübergehend einzuschränken. Aber das Thema ist heikel, und niemand hat den Fichenskandal am Ende des letzten Jahrhunderts vergessen. Deshalb **hat das Schweizer Parlament die Handlungsmöglichkeiten des Nachrichtendienstes zwar gestärkt**; es erweiterte aber gleichzeitig **auch die Mechanismen der demokratischen Kontrolle** – ein notwendiges Gleichgewicht, das in einer Demokratie unverzichtbar ist.

Weitere unverzichtbare Massnahmen gegen Terrorismus sind:

• Die Stärkung der Interventionsfähigkeiten der **Polizeikräfte**, die im Kampf gegen den Terrorismus an vorderster Front stehen – eine Priorität.

• Der Ausbau des **Grenzwachtkorps**.

• Mehr Zusammenarbeit und Informationsaustausch mit unseren **Nachbarländern**, da terroristische und mafiöse Netzwerke sowie kriminelle Machenschaften keine Grenzen kennen.

• Sicherstellen, dass wir die **Terrorfinanzierung** von unseren Finanzplätzen fernhalten.

Es hat hohe Priorität, die Mittel für diese eher repressiv ausgerichteten Massnahmen – unter uneingeschränkter Achtung der Menschenrechte – zu sprechen. Ebenso wichtig ist der Ausbau der präventiven Massnahmen, um frühzeitig zu Hause sowie im persönlichen und beruflichen Umfeld die Hauptursachen zu bekämpfen, die Terrorismus begünstigen könnten:

• In der Schweiz braucht es eine **Integrationspolitik**, insbesondere bei Jugendlichen, und **Informationsbestrebungen**, so über die Gefahren der extremistischen Bekehrungsversuche und Hasskampagnen im Internet, um das Risiko einer Radikalisierung zu verringern. Es braucht regelmässige und respektvolle Kontakte mit Minderheiten, insbesondere religiösen Gemeinschaften, wie islamischen Kulturvereinen, um die Integration und ein besseres gegenseitiges Verständnis zu fördern.

• Dabei gilt es, zwischen Islam und Islamismus zu unterscheiden. Laut Brigitte Dumortier in *Géopolitique de l'Afrique et du Moyen-Orient*[37] ist «der Islam eine Religion, die von Strömungen durchzogen ist, die von offen, modern, aufgeklärt bis hin zu sektiererisch und fundamentalistisch reichen. Dies ist vom Islamismus zu unterschieden, einem politischen Projekt, das auf der Grundlage des Koran errichtete Institutionen, eine strikte und ausschliessliche Anwendung des muslimischen Rechts (Scharia) sowie

---

[37] DUMORTIER, Brigitte : *Géopolitique de l'Afrique et du Moyen-Orient*. Paris, Nathan, 2017.

eine Ideologie zur Bewahrung gesellschaftlicher Strukturen anstrebt, die auf religiösen Vorschriften namentlich im Hinblick auf die Stellung der Frau beruhen.» Umso wichtiger ist es, diese Religion und die grosse Mehrheit ihrer Anhänger nicht zu stigmatisieren, die überwiegend einen toleranten Islam praktizieren und sich zunehmend säkularisieren.

- Vielfach sind es gescheiterte Staaten, rechtsfreie Räume, in denen keine Macht ihre Autorität durchsetzen kann, Konflikt- und Elendsgebiete sowie ungelöste Konflikte (Palästina, Syrien, Irak, Sahelzone), die den Nährboden für Terrorismus schaffen. Eine aktive Aussenpolitik zur Förderung des Friedens, der Demokratie und zur Stärkung der Menschenrechte sowie die Bekämpfung von Ungleichheit und Armut sind wirksame Mittel, um zu einer friedlicheren und gerechteren Welt beizutragen und der durch Krieg, Armut und fehlende Zukunftsperspektiven begünstigten Neigung zum Fundamentalismus insbesondere in der jüngeren Generationen entgegenzuwirken.

Bei allen Massnahmen, die im Kampf gegen den Terrorismus ergriffen werden, darf die Achtung der rechtsstaatlichen Grundwerte niemals in Frage gestellt werden. Diese Forderung hat die Menschenrechtskommissarin des Europarates, Dunja Mijatovic, kürzlich in einem Brief an das Schweizer Parlament perfekt zusammengefasst: «Der Kampf gegen den Terrorismus muss alle Menschenrechtsstandards respektieren. Eine Politik, die die Menschenrechte achtet, bewahrt die Werte, die Terroristen zu zerstören versuchen, schwächt die Unterstützung des gewalttätigen Extremismus bei denjenigen, die versucht sein könnten, sich ihm anzuschliessen, und stärkt das Vertrauen der Öffentlichkeit in die Rechtsstaatlichkeit.»

Unser Land ist gegen einen Terroranschlag nicht immun. Selbst wenn die Schweiz für den islamischen Staat kein vorrangiges Ziel terroristischer Angriffe sein dürfte, ist alles möglich. Man ist nie vor einem «einsamen Wolf» oder einem psychisch angeschlagenen Nachahmungstäter sicher. Die Antwort des Staatsapparates muss unmittelbar und ausreichend sowie mit Einsatzmitteln erfolgen, die der Bedeutung der Tragödie angemessen sind: Polizei, Feuerwehr, Ambulanzen, Notfalldienste, Krankenhäuser und, je nach Bedarf, Zivildienst, Zivilschutz und Armee auf Ersuchen der zivilen Behörden gemäss dem Subsidiaritätsprinzip.

Besonders wichtig ist eine rasche Information, um die Bevölkerung auf dem Laufenden zu halten, ihr Anweisungen zu geben und damit negative Folgen möglichst zu vermeiden. Zudem gilt es psychologisch geschultes Personal bereitzustellen, das sich um die Betreuung von traumatisierten Menschen oder Zeugen der schrecklichen Taten kümmert.

Im Falle eines Terroranschlags ist die Polizei das vorrangige Eingriffsmittel. Zuvorderst stehen Polizisten und Polizistinnen, ausgebildet für den verhältnismässigen Einsatz in der Zivilbevölkerung und in Städten, erfahren in der Neutralisierung von Gewalttätigen und ausgestattet mit der erforderlichen Schlagkraft.

Wenn es unter solchen Umständen die Armee braucht, dann nicht in der akuten Phase, sondern im Nachgang, falls Bedrohungen fortbestehen, mit Bewachungsaufgaben zur Sicherung öffentlicher Orte sowie kritischer Infrastrukturen.

4.3 Cyberrisiken

Die mit Cyber verbundenen Risiken sind in wenigen Jahren zu einer Priorität für die Sicherheit der Behörden eines Landes, seiner Unternehmen und seiner Bevölkerung geworden. Cyberrisiken betreffen den Staat, alle Bereiche der Gesellschaft und die Wirtschaft. Jüngste Grossangriffe, die weltweit Verwaltungen, Krankenhäuser und Fabriken lahmgelegt haben, zeigen uns das grosse Ausmass der Herausforderung.

Die Bedrohungen im Cyberraum sind vielfältig und vielschichtig: Spionage, Krieg, Kriminalität, Beeinflussung, Sabotage gehören dazu. Das Internet ermöglicht es, Daten auszuspionieren, abzufangen oder zu verändern, aus Distanz die Kontrolle zu übernehmen, die Reputation zu schädigen, mittels Verbreitung falscher Informationen oder von Gerüchten in grossem Massstab die öffentliche Meinung zu beeinflussen, Datenklau als wirtschaftliche Waffe einzusetzen, illegalen Handel zu betreiben, Finanzströme umzuleiten usw. Hacking und hinterhältige, diskrete, anonyme Angriffe können für die Opfer schwerwiegende Folgen haben, bleiben aber nur allzu oft ohne grosses Risiko für ihre Urheber... Denn die Quelle eines Cyberangriffs mit Sicherheit zu entlarven, erweist sich oft als äusserst schwierig – die Kriminalität der Zukunft.

Die Vorstellung, die wir vom Cyberraum haben, ist oft sehr abstrakt. Ein von Daniel Ventre entwickeltes und im Werk von Amaël Cattaruzza und Pierre Sintès *Géopolitique des conflits*[38] zitiertes Konzept ermöglicht es uns, diesen «Raum» besser zu erfassen und das Ausmass möglicher Angriffe einzuschätzen. Daniel Ventre beschreibt den Cyberraum als Raum aus mehreren Ebenen:

1) Eine materielle Ebene mit der Infrastruktur: Gebäude, in denen die Server untergebracht sind, Unterwasserkabel usw. – alles Elemente, die physisch zerstört werden können.

2) Eine Software-Ebene, die eigentliche Informatikstruktur für die Nutzung der Computer sowie die Umwandlung und Übertragung von Daten. Mögliche Angriffe erfolgen durch Hacking, Viren, Trojaner usw.

3) Eine kognitive Ebene in Bezug auf die Inhalte der Information. Diese Angriffe zielen darauf ab, Informationen und Daten zu stehlen oder zu zerstören, die Darstellung zu verändern, falsche Botschaften oder Daten einzuschleusen und Propaganda zu verbreiten.

---

[38] CATTARUZZA, Amaël et SINTÈS, Pierre : *Géopolitique des conflits*. Paris, Bréal, 2016.

Es ist eine besondere Welt, die sich ständig verändert und besonderes Wissen und starke Gouvernanzstrukturen erfordert, um die Prävention und Resilienz zu erhöhen und bei Bedarf auch repressiv vorzugehen.

Der Bundesrat beschloss 2019 nach langem Hin und Her, endlich ein **Kompetenzzentrum für Cyber-Sicherheit** mit hoch qualifizierten Spezialisten aufzubauen. Allerdings bleibt dieses Zentrum mit ungenügenden Kompetenzen und Mitteln ausgestattet. Teil des Zentrums wird die Melde- und Analysestelle Informationssicherung (MELANI), die schon bisher vom Bundesrat mit dem Schutz der für unser Land lebenswichtigen Infrastrukturen (kritische Infrastrukturen) betraut war. Ihre Hauptaufgabe ist die Früherkennung und Bekämpfung von Gefahren und die Unterstützung der Betreiber dieser Infrastrukturen im Krisenfall. Sie klärt auch Private sowie kleine und mittlere Unternehmen in der Schweiz auf, wie sie ihre Computer und das Internet gefahrlos nutzen können.

Die Armee richtete kürzlich Rekrutenschulen ein, um im Cyber-Bereich ein weiteres Ausbildungsangebot von ein paar Monaten zu schaffen – ein Schritt in die richtige Richtung. Es bleibt aber dringend erforderlich, den Aufbau fortzusetzen, die Personalbestände und die Expertise deutlich zu erhöhen und aktiv mit der Zivilgesellschaft zusammenzuarbeiten, um die Resilienz vor Cyberrisiken zu stärken, Cyber-Kriminelle rascher dingfest zu machen, unsere Abwehrfähigkeiten zu verbessern und – namentlich kritische – Infrastrukturen, Unternehmen und Einzelpersonen zu schützen und die Schutzfähigkeit auch im militärischen Bereich zu erhöhen.

Wir verfügen über Universitäten mit anerkannten Angeboten für die Ausbildung von Cyber-Fachleuten. Bereits entstand ein neuer Lehrplan für ICT Security Experten. Mit massiver Forschung und Entwicklung in diesem Bereich werden wir unsere Fähigkeiten zur Erkennung und Abwehr von Angriffen sowie die Reaktions- und Widerstandsfähigkeit des gesamten Landes gegenüber solchen Bedrohungen stärken.

Gleichzeitig ist es unerlässlich, die internationale Zusammenarbeit auszubauen, zu verbessern und die **globale Cyber-Gouvernanz** insgesamt zu stärken. Angesichts der Komplexität eines Gebiets, das keine Grenzen kennt, kann die Antwort nur international sein. Wir begrüssen daher die Beteiligung der Schweiz am *NATO Cooperative Cyber Defence Centre of Excellence (CCD CoE)* in Tallinn, Estland. Dabei handelt es sich laut Antwort des Bundesrates auf eine parlamentarische Anfrage von mir (18.4000) um ein Zentrum, das «die Forschungs- und Ausbildungszusammenarbeit im Bereich Cybersicherheit stärken will, namentlich durch die Organisation von Übungen, Workshops zur relevanten Gesetzgebung sowie technischen Schulungen und Konferenzen. Damit unterstützt es die Nato-Mitglieder und die teilnehmenden Partnerstaaten bei der Vertiefung ihrer Kenntnisse und der Stärkung ihrer nationalen Fähigkeiten, um Cyberrisiken zu minimieren.» Die Wahl Estlands als Gaststaat des Zentrums ist kein Zufall: 2007 wurde das Land, das sich schon früh digitalisiert hatte, Opfer eines gross angelegten Cyberangriffs, der das Funktionieren des Staates vorübergehend und tiefgreifend lähmte.

Kurz gesagt: im Cyberbereich braucht es mehr Ressourcen, mehr Fachkräfte, mehr Zusammenarbeit, innerhalb der Schweiz und international – eine nationale Priorität.

4.4 Klima- und Umweltbedrohungen

Unser Land ist sich der mit der globalen Klimaerhitzung verbundenen Risiken bewusst geworden, und das Parlament hat dem **Pariser Klimaabkommen** zugestimmt. Die offizielle Ratifizierung fand am 6. Oktober 2017 in New York statt und bestätigte den formellen Beitritt der Schweiz. 195 Staaten traten diesem Abkommen bei und verpflichteten sich, ihre Treibhausgasemissionen deutlich zu senken mit dem Ziel, die globale Erwärmung im Vergleich zur vorindustriellen Zeit auf deutlich unter 2 Grad Celsius zu begrenzen, wobei ein maximaler Temperaturanstieg von 1,5 Grad angestrebt wird. Ebenfalls Ziel ist eine Ausrichtung von staatlichen und privaten Finanzflüssen auf eine treibhausgasarme Entwicklung sowie eine Verbesserung der Anpassungsfähigkeit an ein verändertes Klima. Es geht um eine unverzichtbare internationale Mobilisierung für das Klima, mit welcher der Verbrauch fossiler Brennstoffe massiv gesenkt und der Einsatz erneuerbarer Energien entsprechend erhöht wird – eine eigentliche technologische und sozial-ökologische Revolution. Der einzige Schatten im Bild ist der Austritt der USA unter dem Klimaskeptiker Donald Trump.

Aber es geht nicht schnell genug, was Millionen junger Menschen im Jahr 2019 bei spektakulären Demonstrationen während der Klimastreiks auf die Strasse getrieben hat. Ihr Handeln war nicht umsonst, das Bewusstsein wächst, und viele Parlamente sind dabei, «grüner» zu werden.

Fachleute rechnen mit mehr Extremereignissen aufgrund eines stärkeren und rascheren Wasserkreislaufs, der zu mehr Dürren und intensiveren Niederschlägen führt. Mit der Erwärmung der Ozeane kommt es zu vermehrten und verheerenderen Wirbelstürmen. Diese Naturgefahren in Folge des Klimawandels könnten in unserem Land in Form von Hochwasser, Überschwemmungen, Stürmen, Erdrutschen oder Trockenperioden mit sommerlichen Hitzewellen und Waldbränden auftreten.

Die grössten Risiken bestehen für Regionen mit ausgeprägter Topografie wie die Alpentäler. Mit der Gletscherschmelze könnten neue Seen entstehen, die plötzlich überlaufen mit katastrophalen Folgen weiter unten. Mit der Klimaerhitzung nimmt die Stabilität des Permafrosts ab und damit die Stabilität unserer Berghänge: Mehr Erdrutsche und Murgänge wären die Folge – mit entsprechenden Risiken für unsere Staudämme, Dörfer und Infrastrukturen: Strassen, Brücken, Eisenbahnen und Strommasten.

Zur Verminderung dieser Risiken ist es unerlässlich, dass unser Land entschlossen die Ursachen der globalen Erwärmung bekämpft. Die im Mai 2017 von der Stimmbevölkerung angenommene Energiestrategie 2050 und deren konsequente Umsetzung sind deshalb zentral. Mit dem neuen CO2-Gesetz sollen unserer Treibhausgasemissionen bis 2030 im

Vergleich zu den Werten von 1990 halbiert und bis 2050 die Klimaneutralität erreicht werden. Zusätzlich braucht es in der Raumplanung Massnahmen zur Anpassung an ein wärmeres Klima, um die Folgen von Überschwemmungen oder anderen Katastrophen einzudämmen. All dies beansprucht in Zukunft sehr bedeutende finanzielle Mittel.

Zusätzlich zur globalen Klimaerhitzung dürfen wir weitere natürliche oder anthropogene Umweltrisiken nicht vergessen, die unser Land in Zukunft betreffen könnten: Ein Erdbeben wie jenes von 1356 in Basel mit einer Stärke von 6,6, was heute für unsere Atomkraftwerke unabsehbare Folgen hätte; deshalb ist die Stilllegung dieser uralten Atommeiler längst überfällig. Unfallrisiken mit katastrophalen Umweltfolgen bestehen auch bei Industrieanlagen, wo besonders gefährliche Stoffe hergestellt, verwendet und gelagert wurden – denken wir dabei nur an Seveso.

Rettungskräfte zum Schutz unserer Bevölkerung sind unverzichtbar: Feuerwehr, Gesundheitssystem, Polizei, Zivildienst, Zivilschutz und die Armee mit ihren Genie-, Rettungs- und Spezialtruppen zum Schutz vor atomarer, biologischer, chemischer Verseuchung und für Kampfmittelbeseitigung. Die Armee greift im Ereignisfall allein subsidiär auf Ersuchen der zivilen Behörden ein. Sie ist rasch zur Stelle und verfügt über beträchtliche Ressourcen und schweres Gerät, was im Katastrophenfall nützlich ist.

4.5 Kritische Infrastrukturen

Unter kritischen Infrastrukturen versteht man unverzichtbare Elemente für ein ordnungsgemässes Funktionieren von Staat und Gesellschaft. Fällt nur eines dieser Rädchen aus, so stockt das ganze System.

Folgende Gefahren bedrohen die kritischen Infrastrukturen:

1) natürliche wie Überschwemmungen, Erdbeben, grössere Erdrutsche,

2) technische wie Unfälle,

3) menschliches Versagen und vorsätzliche Handlungen wie ein Terroranschlag oder ein Cyber-Angriff.

Käme es zu einem Terror- oder Cyberangriff auf kritische Infrastrukturen, ein Erdbeben oder schwere Überschwemmungen, so könnte rasch das Chaos ausbrechen. Nehmen wir als Beispiel die Stromversorgung. Im Falle eines Blackouts käme unsere gesamte Gesellschaft zum Stillstand, was das Wohlergehen der Haushalte, der öffentlichen Verkehrsmittel, der Sicherheit, der Krankenhäuser usw. schwer beeinträchtigen würde. Was soll man da vorkehren?

Das vorrangige Ziel liegt in der Stärkung der **Resilienz**, das heisst der Fähigkeit, auf allen Ebenen entgegen- und dauerhaft standzuhalten. Resilienz ist mehr als Widerstand. Es geht um die Fähigkeit zu reagieren und sich anzupassen, um Schäden zu begrenzen, Rettung und Ersatzlösungen anzubieten und die Dauer von Störungen möglichst kurz zu halten – von den höchsten Regierungsebenen über alle Akteure und Unternehmen, die das Land voranbringen, bis zu Einzelpersonen. Um wirksam reagieren zu können, müssen möglichen Ereignisse frühzeitig identifiziert und vorhergesehen und die Verantwortlichkeiten und Verfahren zur Einleitung der erforderlichen Massnahmen definiert und eingeübt sein.

Dies erforderte präzise Grundlagen über alle kritischen Infrastrukturen mit einem möglichst vollständigen Inventar der Schwachstellen, Risiken, Probleme und möglichen Auswirkungen aufbauend auf einer Meldepflicht für Ereignisfälle und Lösungen, die in Notfallplänen zusammengefasst sind. **Eine Priorität heute: Schutz aller kritischer Infrastrukturen, namentlich auch im Cyber-Bereich.**

Zu den kritischen Infrastrukturen gehören:

1) Staatsführung (Behörden, Verwaltung)

2) Energieerzeugung und -transport (Staudämme, Atomkraftwerke, Stromnetz, Versorgung mit Benzin, Heizöl und Gas)

3) Das Finanzsystem

4) Das Gesundheitssystem (Krankenhäuser)

5) Kommunikations- und Informationsdienste

6) Das Verkehrssystem (Strassen, Brücken, Eisenbahn und andere öffentliche Verkehrsmittel, Flughäfen)

7) Öffentliche Sicherheit

8) Zugang zu Nahrung

9) Trinkwasserversorgung und Abwasserreinigung

10) Die industrielle Leistungsfähigkeit

Deren Sicherheit ist unverzichtbar, hätten doch Schäden zum Beispiel nach einem Terrorangriff gegen einen Staudamm oder ein Atomkraftwerk verheerende Folgen für die Bevölkerung und Zukunft des Landes.

4.6 Gesundheitliche Herausforderungen

Die menschliche Sicherheit erfordert darüber hinaus einen wirksamen Schutz vor Epidemien, sowohl übertragbare als auch nicht übertragbare.

2020. **Covid-19**. Die grösste Pandemie, die die globalisierte Welt und unser Land in ihrer modernen Geschichte seit der unheilvollen Spanischen Grippe 1918–1920 je erlebt haben. Glücklicherweise hatten SARS im Jahr 2003 und die H1N1-Grippe im Jahr 2009 keine vergleichbaren Folgen. Unser Land hat insgesamt gut reagiert, und dieses Ereignis hat gezeigt, wie wichtig ein koordiniertes Vorgehen der Kantone unter der Leitung und mit dem Fachwissen des Bundesamtes für Gesundheit und die Zusammenarbeit mit den Ländern um uns herum ist, denn ein Virus kennt keine Grenzen. Jede solche Erfahrung gibt Anlass, daraus zu lernen, und es ist von grundlegender Bedeutung, die Konzepte und Warnungen der Vergangenheit ins Gedächtnis zu rufen, denn wir waren nicht bereit:

1) **Desinfektionsmittel** in ausreichender Menge haben hier absolute Priorität. Vor der Privatisierung des Alkoholmarktes war die eidgenössische Alkoholverwaltung verpflichtet, jederzeit 10 000 Tonnen Ethanol zu

halten, um bei Bedarf genügend hydro-alkoholische Desinfektionsmittel herstellen zu können. Eine 2018 aufgegebene Verpflichtung...

2) **Schutzmasken** in ausreichender Menge. Egal, was manche Leute sagen, auch wenn Masken keine 100%ige Garantie für den Schutz darstellen, tragen sie eindeutig dazu bei. Ausreichend Masken zu haben, ist eine wesentliche Vorsichtsmassnahme sowohl für das Gesundheitspersonal als auch für die gesamte Bevölkerung. Was im Fernen Osten gilt, hat in unserem Land keinen Grund, absurd zu sein...

3) **Gesicherter Zugang zu Medikamenten**. Mit der Globalisierung ist ein grosser Teil der Pharmaproduktion verlagert worden. Wenn sich die Grenzen plötzlich schliessen, so kommt es zu Engpässen… So gab es Versorgungsengpässe mit Paracetamol und Anästhetika.

Jede neue Situation zeigt erneut: Unser Gesundheitssystem braucht genügend künstliche Beatmungsgeräte und vor allem die Fähigkeit, den Bettenbestand auf den Intensivstationen rasch vorübergehend zu erhöhen. Genau dies fehlte in Norditalien, einer Region, die sehr früh und stark von einer grossen Welle schwerer Covid-19-Infektionen betroffen war. Jede Pandemie hat ihre Eigenheiten. Diesmal haben wir aus der Tragödie Italiens gelernt, dem ersten betroffenen Land in Europa, das es uns durch sein Opfer ermöglichte, die Bedrohung einzuschätzen, die uns erwartete.

Pandemien dürften in Zukunft regelmässig auftreten und sich blitzschnell über den Globus ausbreiten. Ausmass, Dichte und Geschwindigkeit der Vernetzung und des Austauschs zwischen den Völkern und Kontinenten von heute sind in der Geschichte der Menschheit beispiellos – denken wir allein an den Luftverkehr. Beim nächsten Mal haben wir vielleicht nicht einmal ein paar Wochen Zeit, um uns vorzubereiten; wir müssen ständig bereit sein, rasch zu reagieren und für die Bevölkerung die bestmöglichen Schutz-, Behandlungs- und Resilienzfähigkeiten bereitzustellen. Es ist sinnvoller und relevanter, Schutzmasken und Ethanol in grossen Mengen zu lagern als endlos angehäufte Munitionsbestände…

Was die **nicht übertragbaren Krankheiten betrifft**, so sprechen wir über die namentlich in den Industrieländern erwartete Ausweitung der Gesundheitsprobleme im Bereich der Herz-Kreislauf-Erkrankungen, Krankheiten im Zusammenhang mit Übergewicht, Diabetes, Bluthochdruck, Bewegungsmangel und Rauchen – auch das eine Zeitbombe. Die Antwort: Aufklärung, Aufklärung, Aufklärung, Massnahmen zur Begrenzung der «nutzlosen» Aufnahme von Zucker, insbesondere in Erfrischungsgetränken, zur Bekämpfung von Junk Food, zur Förderung der körperlichen Aktivität und zur Fortsetzung des Kampfes gegen das Rauchen... Gesundheitsförderung und Präventionsprogramme, die alle Bevölkerungsschichten erreichen, haben zur Erhöhung der öffentlichen Gesundheit eine vorrangige Bedeutung.

Kapitel 5

Entwicklung der Schweizer Armee
seit dem Zweiten Weltkrieg

5.1   Neutralität – der grosse Nationalmythos

Die Schweizer Geschichtsschreibung der 1950er und 1960er Jahre sowie manche «patriotischen» Reden sagen uns, es sei unserem Land dank der Stärke unserer Armee und der Tapferkeit unserer Soldaten gelungen, die Truppen des Dritten Reiches im Zweiten Weltkrieg vom Angriff auf die Schweiz abzuhalten. Unsere Armee mit mehreren hunderttausend Mann an den Grenzen habe die Invasion verhindert und damit die Unabhängigkeit unseres im Krieg neutral gebliebenen Landes bewahrt.

Für viele unserer Mitbürgerinnen und Mitbürger bleibt diese Erzählung eine unbestrittene historische Tatsache und rechtfertigt für sie die Aufrechterhaltung einer Armee, um im Fall der Fälle auch morgen wieder über die Mittel zu verfügen, um an der Landesgrenze die heroische Tat unserer Vorfahren zu erneuern.

Es liegt mir fern, die grossen Anstrengungen und Opfer einer ganzen Generation von Soldaten während des Zweiten Weltkrieges in Frage zu stellen. Sie erfüllten viele Monate lang, weit weg von ihren Familien und oft in der Kälte und unter Entbehrungen an den Grenzen ihren Auftrag mit Geduld, Mut und Überzeugung.

Das ändert nichts daran, dass die Debatte über die nachrichtenlosen Vermögenswerte der von den Nazis ermordeten Juden und die historische

Aufarbeitung durch die Bergier-Kommission neues Licht auf diese unruhige Periode unserer Geschichte warf, eine vertiefte Analyse der tatsächlichen Ereignisse ermöglichte und so den sakrosankten Mythos unserer Neutralität und der Verteidigungsfähigkeit unseres Landes erschütterte.

Der **Bergier-Bericht** zeigt, dass die «wohlwollende Zusammenarbeit» der Schweiz mit den Achsenmächten entscheidend dazu beitrug, dass unser Land nicht überfallen wurde: Die Deutschen mussten nicht in die Schweiz einmarschieren, um von ihr das zu bekommen, was sie wollten.[39]

- Die Schweiz wurde während des Zweiten Weltkriegs dank der Zusammenarbeit zahlreicher Banken zum Finanzplatz Deutschlands.

- In dieser Zeit tätigte die Schweiz umfangreiche industrielle Exporte nach Deutschland und unterstützte so die deutschen Kriegsanstrengungen.

- Die Achsenmächte nutzten die Bahnkorridore durch die Alpen intensiv: Der Transitverkehr auf der Gotthardlinie zwischen Deutschland und Italien nahm damals explosionsartig zu.

- Die Schweiz hat für 1,7 Milliarden Franken Gold weissgewaschen, das die deutsche Reichsbank im Austausch gegen Schweizer Franken an die Schweizerische Nationalbank überwies. Schweizer Franken waren für Nazi-Deutschland für den Kauf lebenswichtiger Güter und die Fortsetzung des Krieges sehr nützlich. Ein grosser Teil dieses Goldes war in besetzten Ländern gestohlen worden oder stammte gar von Opfern der Shoa.

- Schweizer Tochtergesellschaften in Deutschland profitierten von der Zwangsarbeit von Kriegsgefangenen und von Deportierten, die unter unmenschlichen Bedingungen ausgebeutet wurden.

- Die Schweiz praktizierte damals ihre «Das Boot ist voll»-Politik, verweigerte zahlreichen Flüchtlingen die Einreise und wies mehr als

---

[39] BOSCHETTI, Pietro : *Les Suisses et les nazis : Le rapport Bergier pour tous.* Carouge-Genève, Éditions Zoé, 2010.

20 000 Flüchtlinge an der Grenze zurück. Die meisten waren Juden, viele kamen dann in den Konzentrationslagern um.

Es ist nicht meine Absicht, das damalige Verhalten der Schweizer Behörden zu verurteilen, denn es ist immer einfacher, nachträglich die Geschichte neu zu schreiben. Das ändert jedoch nichts daran, dass die gegenüber Nazi-Deutschland sehr «wohlwollende» Neutralität das Bild einer Vergangenheit, die mit der Zeit zu einem Nationalmythos wurde, stört und zumindest in Frage stellt.

5.1.1 Welchen Sinn macht die Neutralität der Schweiz heute?

Die offizielle Anerkennung der Neutralität unseres Landes durch die damaligen Grossmächte geht auf den Wiener Kongress von 1815 zurück. Ansätze dafür lassen sich bis in die Zeit der Renaissance zurückverfolgen. Die eidgenössischen Orte gingen untereinander eine vertraglich gebundene Konföderation ein und schlossen weitere Städte namentlich aus dem süddeutschen Raum in ihr dichtes Vertragsgeflecht mit ein. Die vielen grösseren und kleineren Gemeinschaften merkten bald, dass ihre Unabhängigkeit zunahm, wenn sie zu den damaligen Grossmächten auf einer gewissen Distanz blieben und mit allen gute Beziehungen pflegten. Wer wollte und ausreichend viel dafür bezahlte, konnte Söldner anwerben. So floss viel Geld in die eidgenössischen Orte, immer wieder standen sich aber Schweizer Söldner auf beiden Seiten der zahlreichen europäischen Schlachtfelder der frühen Neuzeit des 16., 17. und 18. Jahrhunderts gegenüber. Dies alles liess sich am einfachsten unter dem Titel der Neutralität fortsetzen. **Neutralität ist ein nützliches Prinzip, dessen Bedeutung steigt, je grösser in der Nachbarschaft die Spannungen sind oder gar Kriege ausgefochten werden.** So ist der Neutrale nicht gezwungen, sich für die eine oder die andere Seite zu entscheiden und in die Gräuel des Krieges hineingezogen zu werden. Dies war der Kontext, der bis nach dem Zweiten Weltkrieg die Geschicke unseres Landes bestimmte. Der Beginn des europäischen Aufbaus markiert den Wendepunkt.

Das heute zitierte Neutralitätsrecht geht auf das Mächtekonzert des 19. und beginnenden 20. Jahrhunderts zurück und wurde seither kaum mehr erneuert. Die beiden **Haager Konventionen von 1907**, denen die Bundesversammlung am 4. April 1910 zustimmte, bilden nach wie vor die wichtigsten Texte über die Rechte und Pflichten eines neutralen Staates im Land- und im Seekrieg. Traditionalisten wie «Pro Militia» stützen sich bis heute darauf und fühlen sich frei, selektiv Artikel 1 dem Abkommen über den Seekrieg und die übrigen jenem über den Landkrieg zu entnehmen:

Art. 1: Die Kriegführenden sind verpflichtet, die Hoheitsrechte der neutralen Mächte zu achten.

Art. 2: Es ist den Kriegführenden untersagt, Truppen oder Munitions- oder Verpflegungskolonnen durch das Gebiet einer neutralen Macht hindurchzuführen.

Art. 3: Es ist den Kriegführenden gleichermassen untersagt: (a) auf dem Gebiete einer neutralen Macht eine funkentelegrafische Station einzurichten oder sonst irgendeine Anlage, die bestimmt ist, einen Verkehr mit den kriegführenden Land- oder Seestreitmächten zu vermitteln; (b) irgendeine Einrichtung dieser Art zu benutzen, die von ihnen vor dem Kriege auf dem Gebiete der neutralen Macht zu einem ausschliesslich militärischen Zwecke hergestellt und nicht für den öffentlichen Nachrichtendienst freigegeben worden ist.

Art. 4: Auf dem Gebiet einer neutralen Macht dürfen zugunsten der Kriegführenden weder Korps von Kombattanten gebildet noch Werbestellen eröffnet werden.

Art. 5: Eine neutrale Macht darf auf ihrem Gebiete keine der in den Artikeln 2–4 bezeichneten Handlungen dulden. [Und wie war es in Bezug auf Artikel 2 und 3 ganz genau während des Zweiten Weltkrieges?]

Art. 10: Die Tatsache, dass eine neutrale Macht eine Verletzung ihrer Neutralität selbst mit Gewalt zurückweist, kann nicht als eine feindliche Handlung angesehen werden.

Gemäss dem Eidgenössischen Departement für auswärtige Angelegenheiten (EDA) trugen folgende Kriterien zur Entstehung des Neutralitätsbegriffs bei:

- sich aus dem Krieg heraushalten,
- für seine eigene Verteidigung sorgen,
- alle kriegführenden Parteien bei der Ausfuhr von Kriegsmaterial gleich behandeln und auf die Kriegsmaterialausfuhr aus staatlicher Produktion ganz verzichten,
- den Kriegsparteien keine Söldner zur Verfügung stellen,
- den Kriegsparteien das Staatsgebiet nicht zur Verfügung stellen.

Angesichts der politischen Realität und geostrategischen Lage unseres Landes sind heute – vorsichtig formuliert – einige dieser Kriterien veraltet und überholt. Denn seit der zweiten Hälfte des 20. Jahrhunderts hat sich die Situation grundlegend geändert. Der Lärm der Geschütze ist in Europa verstummt: Zunächst durch alle Massnahmen, die die europäischen Länder auf institutioneller und organisatorischer Ebene zum Aufbau eines Europas des Friedens ergriffen haben, um ihrem Wunsch, «nie wieder Krieg» konkret Ausdruck zu verleihen; später nach dem Fall der Berliner Mauer, dem Ende des Kalten Krieges und dem Erstarken des Systems kollektiver Sicherheit der UNO, das den Krieg grundsätzlich ächtet und damit für Neutralität keinen Raum mehr lässt. Die **europäischen Länder befinden sich in Frieden und sind Verbündete und Mitglieder desselben grossen Militärbündnisses, der NATO**, ohne Österreich, das Mitglied der Europäischen Union ist. Wir sind mit all diesen Ländern befreundet, treiben mit ihnen Handel und tauschen uns aus, die Bevölkerungen vermischen sich und doppelte Staatsangehörigkeiten sind häufig. Wir arbeiten mit ihnen im Verteidigungsbereich über die Europäische Verteidigungsagentur der EU und die Partnerschaft für den Frieden der NATO zusammen, bei dieser namentlich auf dem Gebiet der Friedensförderung. Wie unsere Nachbarn und Freunde setzen wir uns **für eine demokratische Welt ein und wollen Frieden,** in Europa und anderswo.

Die Logik der Nützlichkeit der Neutralität ist für einen Staat direkt proportional zum Spannungsniveau, das in dem politischen und geostrategischen Umfeld besteht, in dem sich dieses Land befindet.

Nimmt man die vom EDA formulierten Kriterien auf, so liegen einige davon auf der Hand: Unterlasse es, dich an einem Krieg zu beteiligen (solange das Land nicht angegriffen wird, denn in diesem Fall fällt die Neutralität ohnehin sofort!) und gewährleiste deine eigene Verteidigung – wie das am besten geschieht, ist die eigentliche Frage, die diesem Buch zugrunde liegt und die in den Schlussfolgerungen weiterentwickelt wird.

Waffenausfuhren

Konzentrieren wir uns vorerst auf die Frage der Waffenexporte, ein nach wie vor heikles Thema, das im Parlament und in der Bevölkerung immer wieder Anlass zu Diskussionen gibt.

Im Laufe der Jahre gerieten die politischen Instanzen der Schweiz von Seiten der Rüstungsindustrie immer wieder unter Druck, die Kriterien für Exportbewilligungen zu lockern, indem sich die Industrievertreter über leere Auftragsbücher beklagten. Tatsächlich haben Stammkunden aus Europa nach der Wirtschaftskrise von 2008 ihre Bestellungen reduziert, um ihre Staatshaushalte zu schonen. Deshalb lobbyierte die Rüstungsindustrie intensiv, um vermehrt nach Staaten exportieren zu können, die in Krisengebieten und den instabilen Zonen von Nordafrika bis Pakistan liegen. Der Waffenexport in diese Regionen ist freilich aus Sicht der Friedensförderung und Achtung der Menschenrechte hoch problematisch, gleichen diese Regionen doch einem wahren Pulverfass, sind autoritär regiert und treten die elementaren Prinzipien der Menschenrechte mit Füssen. Die rechte Mehrheit in Parlament und Bundesrat sprach sich dennoch für diesen Lockerungsschritt aus, bevor sie unter dem Druck der Öffentlichkeit erneut ihre Meinung änderte. Lassen Sie uns auf diese Saga zurückblicken, die seit mehr als zehn Jahren andauert.

2007 reichte die Gruppe für eine Schweiz ohne Armee eine Volksinitiative für ein Verbot der Ausfuhr von Kriegsmaterial ein. Um die Initiative besser bekämpfen zu können, passte der Bundesrat Artikel 5 der Kriegsmaterialverordnung an. Dies betraf wichtige Klarstellungen: ein Verbot der Ausfuhr von Kriegsmaterial in ein Land, das die «Menschenrechte systematisch und schwerwiegend verletzt», «in einen internen oder internationalen bewaffneten Konflikt verwickelt ist», das in Bezug auf die Entwicklung «am wenigsten entwickelt» ist, oder wo «ein hohes Risiko besteht, dass die auszuführenden Waffen gegen die Zivilbevölkerung eingesetzt werden» oder «an einen unerwünschten Endempfänger weitergegeben werden». Mit dieser strategischen Änderung der Verordnung vor der Abstimmung vom 29. November 2009 über den Text der Volksinitiative trug der Bundesrat zu deren Ablehnung bei und ermöglichte gleichzeitig, das bestehende Kriegsmaterial-Exportregime auf der Grundlage einer verschärften Rechtsgrundlage fortzuführen.

Fünf Jahre später beschloss die Sicherheitspolitische Kommission des Ständerates in Form einer Motion auf Drängen von Wirtschaftskreisen, die Reform von 2008 zu untergraben. Das Nationalratsplenum stimmte der Motion nur ganz knapp mit Ausschlag der Stimme seines Präsidenten zu, eines Luzerner Christdemokraten. Seit 2014 kann die Rüstungsindustrie wieder Kriegsmaterial in Länder exportieren, die die Menschenrechte ernsthaft und systematisch verletzen, «wenn ein geringes Risiko besteht, dass das auszuführende Kriegsmaterial zur Begehung von schwerwiegenden Menschenrechtsverletzungen eingesetzt wird».

2016 bewilligte der Bundesrat gar wieder Rüstungsexporte nach Ländern, die am Konflikt im Jemen beteiligt sind...

2017 wandten sich die grossen Rüstungsunternehmen erneut an die Sicherheitspolitische Kommission des Ständerats und beklagten sich über rückläufige Waffenverkäufe. Der Bundesrat gab nach und beschloss 2018, Kriegsmaterialexporte neu auch nach Ländern zu genehmigen, die sich in

einem internen bewaffneten Konflikt oder, einfacher ausgedrückt, in einem
Bürgerkrieg befinden. Zudem sei zukünftig der Fortbestand der schweize-
rischen Rüstungsindustrie als vorrangiges Kriterium bei diesbezüglichen
Entscheidungen zu berücksichtigen.

Diese Missachtung früherer Zugeständnisse und Verpflichtungen aus
dem Jahr 2008 nahm die Bevölkerung sehr schlecht auf. Auf Druck der
öffentlichen Stimmung stimmte der Nationalrat einer Motion zu, die forderte, die Frage der Kriegsmaterialausfuhr der ausschliesslichen Zuständigkeit des Bundesrates zu entziehen, der sich auf dem Verordnungsweg
seine eigenen Regeln gibt. Zudem lancierte eine sehr breite Koalition zu
diesem Thema eine Volksinitiative, worauf der Bundesrat seine letzte
Reform zurückzog. Da der Ständerat jedoch dem Nationalrat nicht folgte,
behielt der Bundesrat seine Vorrechte in diesem sensiblen Bereich bei.

Die eidgenössische Volksinitiative «Gegen Waffenexporte in Bürger-
kriegsländer (Korrektur-Initiative)», die auf eine Rückkehr zur Gesetzgebung von 2008 abzielt, kam in Rekordzeit zustande. Der Bundesrat erar-
beitete Anfang 2020 einen indirekten Gegenvorschlag. Falls die strengere
Variante im Parlament keine Mehrheit findet, wird über die Initiative ab-
gestimmt – eine Zukunftsschlacht, die nicht verloren werden darf!

Im bürgerlich dominierten Bundesrat und Parlament haben in der Frage
der Waffenexporte immer wieder – wie dies **in unserem Land oft der
Fall** ist –, **Handel und Geld Vorrang vor moralischen Werten und
Neutralität**, die in der Bevölkerung eher mit Friedensförderung als mit der
Alimentierung von Kriegführenden in Verbindung gebracht wird…

Schweizer Rüstungsindustrie – Stand der Dinge

Doch wie steht es um die Produktionskapazität unserer Rüstungsindustrie, die nach Ansicht des Bundesrates unerlässlich sei, um die Rüstungs-
produktion des Landes auch im Falle eines Konflikts und der Isolation der
Schweiz «selbständig» zu gewährleisten? Die folgenden Überlegungen

sind im Wesentlichen der bundesrätlichen Antwort auf meine Anfrage (18.3998) von 2018 entnommen. Dabei mögen die Argumente, die der Bundesrat zur Rechtfertigung der Rüstungsexporte vorbringt, überraschen, wenn man bedenkt, dass die Schweiz den Grossteil ihrer wichtigsten Rüstungsgüter importiert.

Die Liste der fertigen Waffen und Rüstungsgüter, die in der Schweiz noch hergestellt werden, ist sehr dünn: Pistolen, Gewehre, gepanzerte, manchmal bewaffnete Fahrzeuge, Fliegerabwehrgeschütze auf niedrige Distanz, Artillerie, gross-, mittel- und kleinkalibrige Munition sowie Simulatoren. Sonst gibt es da nichts zu erwähnen. Ausser, dass selbst für diese Güter in grossem Umfang Unteraufträge ins Ausland gehen und Vorprodukte importiert werden. Auch die Schweizer Industrie stellt vorab Komponenten her, die sie exportiert. Beides macht die grosse Interdependenz unseres Landes auf diesem Gebiet mit den Nachbar- und befreundeten Ländern deutlich. «Zahlreiche Schweizer Unternehmen und Unterlieferanten sind durch die Herstellung von Einzelteilen und Baugruppen für verschiedene Waffensysteme in die Wertschöpfungsketten internationaler Rüstungsunternehmen eingebunden», betont der Bundesrat. Er will das Know-how in diesem Bereich in der Schweiz erhalten. Dieses betrifft aber nur am Rande eine autonome Waffenproduktionskapazität, die im Kriegsfall für eine isolierte Schweiz von Hilfe wäre. Es geht laut Bundesrat vielmehr um die Zulieferindustrie: «Wie die meisten Länder ist die Schweiz auf Rüstungsbeschaffungen aus dem Ausland angewiesen. Nur sehr wenige Staaten können für sich in Anspruch nehmen, in der Produktion von Rüstungsgütern einigermassen autark zu sein. Aber auch ohne Autarkie anzustreben, stärkt eine einheimische Rüstungsindustrie die nationale Sicherheit», denn «eine einheimische wehrtechnische Industrie stärkt die Handlungsfreiheit der Schweiz dadurch, dass sie zu einem gewissen Grad eine einseitige Abhängigkeit durch gegenseitige Abhängigkeiten ersetzt.» Kurz gesagt: Wir sind für unsere Rüstung auf die Zusammenarbeit mit unseren herkömmlichen Freunden und Partnern angewiesen...

Neutralität in ihrem besten Licht...

Bis heute ist die Schweiz nicht der einzige Staat, der sich in Europa für neutral erklärt. Aus historischen Gründen teilen Irland, Schweden, Österreich und Finnland diesen Status, der das Ende der Blockkonfrontation überlebt hat, mit der Schweiz. Neutralität steht definitionsgemäss einer Mitgliedschaft in einem Militärbündnis entgegen. Diese Staaten wirken wie die Schweiz allein in der NATO-Partnerschaft für den Frieden mit.

Der neutrale Status der Schweiz hat positive Aspekte: Er macht unsere Bereitschaft zu helfen, zu retten und unsere «guten Dienste» anzubieten glaubwürdiger. Die schöne Geschichte des Roten Kreuzes hat damit zu tun, ebenso das Internationale Genf – ein bevorzugter Ort, wo sich alle Länder der Welt begegnen, schon in der Vergangenheit viele Konflikte gelöst haben und hoffentlich auch in Zukunft noch lösen werden.

Die unangenehme Überraschung: Crypto AG

Im Februar 2020 schlugen die Enthüllungen über die Crypto AG wie eine Bombe ein. Auf dem Höhepunkt des Kalten Krieges entwickelte das Zuger Unternehmen, das sich hauptsächlich im Besitz der USA befand und von der CIA kontrolliert wurde, manipulierte Verschlüsselungsgeräte und lieferte diese an rund 120 Staaten, wo sie dem US-Geheimdienst zur organisierten Spionage verhalfen. In der Folge waren die Vereinigten Staaten dank frühzeitiger Kenntnis vertraulicher Positionen den anderen Staaten in vielen Fällen stets einen Schritt voraus und vereitelten so möglicherweise Angriffe oder andere potenzielle Tragödien. Oder stärkte dies eher den Imperialismus der USA? Trugen manipulierte Crypto-Geräte zu Menschenrechtsverletzungen bei, etwa anlässlich der Iran-Krise oder bei der Installierung militärischer Juntas in Argentinien und Chile? Es wird uns gesagt, jeder Geheimdienste versuche, um jeden Preis und mit allen Mitteln an sensible Informationen heranzukommen. Zweifellos, aber dennoch bleibt die Frage, wie weit unser Land in diesen Skandal verwickelt war, und ob Bundesräte sowie hochrangige Beamte der Bundesverwaltung von diesen

Praktiken wussten, die wirklichen Eigentümer der Crypto AG kannten und mitwirkten, deren Handlungen zu vertuschen. Denn dies würde eine zumindest passive Zusammenarbeit mit den US-Geheimdiensten bedeuten. Gab es weitere solche strategischen Verbindungen der Schweiz mit den USA?

Darauf deuten weitere Informationen über geheime Absprachen zwischen der Schweiz und der von uns als westlicher Block bezeichneten Ländergruppe um die NATO und die Vereinigten Staaten während der Zeit des Kalten Krieges hin. Der Historiker Dominique Dirlewanger zitierte im Téléjournal vom 15. Februar 2020 zwei Fälle von Geheimabkommen: 1) das den Historikern seit rund 30 Jahren bekannte Hotz-Linder-Abkommen, das während des Kalten Krieges die Handelspolitik der Schweiz an den Interessen des Westblocks ausrichtete und die Schweizer Exporte in die Ostblockländer beschränkte.[40] 2) Ein geheimes Memorandum, das der stellvertretende NATO-Kommandeur, Feldmarschall Bernard L. Montgomery, und Bundesrat Paul Chaudet, damals Vorsteher des Militärdepartements, am 10. Februar 1956 abschlossen und das vorsah, dass die Schweiz neutral bleibt, sich aber im Falle eines bewaffneten Konflikts und des Ausbruchs eines Dritten Weltkriegs mit der NATO gegen die Streitkräfte des Warschauer Paktes verbündet hätte.[41]

Heute sprechen wir über Crypto-Leaks, und es laufen Untersuchungen der Geschäftsprüfungsdelegation des Schweizer Parlaments. Andere fordern eine parlamentarische Untersuchungskommission (PUK), die mehr Ressourcen hätte, um diese Affäre aufzuklären. Vorläufig tappen wir im Dunkeln. Etwas ist jedoch klar und unbestreitbar: Diese Affäre ist ein schwerer Schlag gegen das sakrosankte Prinzip der Schweizer Neutralität. Wer sich neutral nennt, sollte eine Neutralitätspolitik betreiben, die laut dem Eidgenössischen Departements für auswärtige Angelegenheiten «für die Gesamtheit der Massnahmen steht, die ein neutraler Staat von sich aus

---

[40] *Hotz-Linder-Abkommen*, Historisches Lexikon der Schweiz, https://hls-dhs-dss.ch.

[41] *La lune de miel secrète entre la Suisse et le renseignement international*, Zeitung Le Temps online, 20. August 2015.

ergreift, um die Berechenbarkeit und Glaubwürdigkeit seiner dauernden Neutralität zu gewährleisten.»

Nach all den Crypto-Enthüllungen ist die Glaubwürdigkeit der schweizerischen Neutralität beschädigt. Sie unterliegt offensichtlich einem doppelten Standard, dem Widerspruch zwischen dem oft beschworenen Ideal einer angeblich unantastbaren und nicht verhandelbaren Neutralität und der jetzt sichtbar gewordenen Realität, als unsere höchsten Staatsvertreter privilegierte Beziehungen zu den USA knüpften und ohne Weiteres einem geheimen Bündnis über die Annäherung an die NATO zustimmten.

Neutralität überdenken

Angesichts der geopolitischen Verhältnisse auf unserem Kontinent, Ergebnis der Friedensarbeit der Europäer und Europäerinnen nach dem letzten Weltkrieg, wird die Schweiz in absehbarer Zeit keinen Konflikt zwischen ihren Nachbarstaaten mehr erleben. Sie sprechen alle mit einer Stimme und ziehen am gleichen Strick. Unter diesen Bedingungen ist es nicht schwierig, neutral zu bleiben, und die Schweiz kann dies auch weiterhin tun. All das sollte unser Land aber nicht daran hindern, sich weiterzuentwickeln, die Mittel zu überdenken, die es für unsere Verteidigung im Einklang mit dem Neutralitätsrecht einzusetzen gedenkt, und die endlose Rhetorik über den «Alleingang» aufzugeben. Es geht hier nicht darum, vergangene Entscheidungen zu hinterfragen. Die Situation der heutigen Schweiz ist aber neu und erfordert mehr Offenheit und Pragmatismus. Es ist an der Zeit, unsere Verteidigung nicht mehr so zu betrachten, als wären wir allein auf der Welt, angeblich umgeben von potenziell feindlichen Ländern, und uns Hals über Kopf in die Beschaffung von hochmodernen Minenwerfern, Panzern oder Kampfflugzeugen stürzen, als könnten im Zentrum Europas weiterhin die Kriege der Vergangenheit stattfinden. **Sollte die Schweiz dennoch eines Tages angegriffen werden, so fiele die Neutralität so oder so dahin und wären wir nicht in der Lage, uns allein zu verteidigen. Wir müssen aufhören, uns etwas vorzumachen. Und wir**

wissen bereits, zu welchem Bündnis wir gehören würden. Als wir in einem früheren Kapitel über Rüstung sprachen, wiesen wir auf die Abhängigkeit unseres Landes von «unseren herkömmlichen Freunden» bei der Beschaffung der meisten Waffen hin. Wir wirken in der NATO-Partnerschaft für den Frieden mit, beteiligen uns am NATO-Kompetenzzentrum für kooperative Cyber-Verteidigung in Tallinn (Estland) und unterzeichneten 2018 mit Deutschland und dem Obersten Hauptquartier der Alliierten Mächte Europa (SHAPE) ein Abkommen über den Austausch von Luftlagedaten (ASDE). Wir wissen, wer auf unserer Seite steht.

Wir sind objektiv durch die NATO und ihren Schutzschild geschützt. Seien wir ehrlich, sprechen wir über den Ausbau dieser Zusammenarbeit und bleiben wir gleichzeitig den Werten unser aktiven Neutralität treu. **Diese Offenheit und dieser Wille zur Zusammenarbeit müssen sich in erster Linie auf die europäischen Länder richten**, auf unsere Nachbarn und Freunde, mit denen wir, wenn nötig, im unwahrscheinlichsten Fall eines Tages gegen einen hypothetischen Feind kämpfen müssten. Wir sind ein europäisches Land, und es wäre sinnvoll, dass wir uns einer europäischen Verteidigungskoalition nähern. Unsere europäischen Partner haben sich für die NATO entschieden, lassen Sie uns also mit der NATO sprechen. Bieten wir an, uns an den gemeinsamen Bemühungen zu beteiligen, aber auf unsere eigene Art und Weise, in einer Form, die mit dem Geist der Neutralität vereinbar ist, z.B. zivile und militärische Friedensförderung im Ausland und Entwicklungszusammenarbeit namentlich in fragilen Kontexten. So können wir dazu beitragen, die Voraussetzungen für mehr Frieden an den Grenzen und ausserhalb Europas zu schaffen.

Aber halten wir am Status der Neutralität fest, weil wir keinen anderen Staat angreifen und in keinen Konflikt zwischen Staaten verwickelt werden wollen. Wir wollen uns nur verteidigen und unser Rüstungsniveau an das Niveau der objektiven Risiken anpassen, d.h. aufgrund unserer privilegierten geografischen Lage inmitten des NATO-Dispositivs kräftig senken. **Wir wollen und müssen offiziell neutral bleiben**; es ist sinnlos, dieses sakrosankte Prinzip, das zur Identität und DNA der Schweiz gehört, anzufechten. Denn Neutralität ist gleichzeitig das Markenzeichen unseres internationalen Engagements und bürgt für die Glaubwürdigkeit unserer Politik der Friedensförderung. Wir müssen aber anerkennen, dass die Neutralitätsdefinition einer Klärung bedarf: Die Schweiz ist ein neutrales Land, ja, aber genauer **«ein demokratisches, westliches, neutrales Land»** oder **«ein demokratisches, dem westlichen Block zugehöriges und neutrales Land»** oder einfach **«ein westliches, neutrales Land»**.

Für aktive Neutralität

Die Konturen dieser neu definierten Neutralität müssen weiter präzisiert werden. Wir fordern **aktive Neutralität**, Neutralität im Einsatz für eine bessere Welt, die Achtung der Menschenrechte, die Förderung des Friedens und eine gerechtere Verteilung des Reichtums. Es ist nicht nur eine Frage von Werten und Ethik, sondern wir wissen auch, dass eine gerechtere und egalitärere Welt letztlich eine friedlichere Welt sein wird. Das verhilft auch unserem Land zu mehr Frieden und Sicherheit.

Die Crypto-Affäre könnte das Bild der humanitären Schweiz und ihrer Politik der Friedensförderung nachhaltig beeinträchtigen, das Ende des 19. Jahrhunderts mit der Gründung des Roten Kreuzes durch unseren Landsmann Henri Dunant entstand. Es kamen die «Guten Dienste» zur diplomatischen Vertretung von Kriegsparteien hinzu und die Gaststaatpolitik mit dem Flaggschiff des Internationalen Genf, wo die Schweiz zahlreichen internationalen Organisationen Gastrecht gibt, globale und regionale Konferenzen und Friedensgespräche ermöglicht und zur Weiterentwicklung des Völkerrechts beiträgt. **Diese multilateral ausgerichtete, humanitäre und Gaststaat-Politik ist Grundlage einer diplomatischen Macht, welche die internationale Gemeinschaft der Schweiz zuerkennt**, die aber gleichzeitig von der Glaubwürdigkeit unserer Neutralität abhängig ist.

5.2   Die Macht der Schweiz

In seinem Buch *Théories de la puissance* beschreibt Fabrice Argounès Macht «als die Fähigkeit, das internationale System oder zumindest das regionale System, in das ein Land eingebunden ist, auf die eine oder andere Weise zu beeinflussen.»[42] Es ist üblich, bei der Definition der Macht eines Landes dessen Grösse, Bevölkerung, Reichtum, natürliche Rohstoffe und Wirtschaftskraft zu berücksichtigen, ohne seine militärischen Fähigkeiten zu vergessen. Wenig überraschend schwingen die Vereinigten Staaten bei einem solchen Vergleich oben auf, wobei wir uns unaufhaltsam in Richtung einer multipolaren Welt weiterentwickeln und andere ernsthafte Kandidaten wie China die Hauptrolle übernehmen könnten.

Wenn wir über die Macht der Schweiz sprechen, so geht es um eine Macht, die Fabrice Argounès als Mittelmacht bezeichnet. Sie nutzt weniger ihre Muskeln als die Diplomatie, will Vorbild sein und verlässt sich auf ihre Glaubwürdigkeit, um zu guten Beziehungen zwischen den Staaten beizutragen und das friedliche Zusammenleben zu fördern. Die Instrumente sind bekannt: die Förderung des Friedens, Rüstungskontrolle und Abrüstung, Achtung der Menschenrechte, Entwicklungszusammenarbeit, humanitäre Hilfe, Katastrophenhilfe, Krisendiplomatie und immer mehr Klima- und Umweltschutz – **eine aktive Politik für eine friedliche Welt** mit sanfter Macht, die Einfluss ausübt, indem sie Konflikte entschärft, Leiden lindert und zur Stabilisierung bestimmter Weltregionen beiträgt.

Die Kompetenz der Schweiz in diesem Bereich ist anerkannt, Seite an Seite mit Ländern wie Norwegen und Kanada. Beispiele sind das Engagement von Alt-Bundesrat Didier Burkhalter, dem Vorsitzenden der OSZE im Jahr 2014, für eine Lösung des Konflikts in der Ostukraine, sowie die Vermittlungsarbeit unserer Botschafter in Georgien und Teheran zwischen den Konfliktparteien Georgien und Russland bzw. dem Iran und den Vereinigten Staaten. Auch im Kosovo wirkt die Swisscoy mit, Spannungen in

---

[42] ARGOUNES, Fabrice : *Théories de la puissance.* Paris, CNRS Editions, Biblis, 2018.

Mitrovica und weiteren Regionen abzubauen, oder die DEZA in Afrika und anderswo, indem sie unermüdlich zu Grundlagen für eine bessere Zukunft für mittellose Bevölkerungsgruppen ohne Zukunftsperspektiven beiträgt, oder wenn die Schweiz beträchtliche Mittel bereitstellt, um den Opfern des Konflikts im Donbass in der Ukraine den Zugang zu Trinkwasser zu sichern – mit all dem wird unser Land ihrer Rolle als Macht, die sich für Frieden und eine bessere Welt einsetzt, voll gerecht.

Das Beispiel der **Wasserversorgung in den ukrainischen Konfliktgebieten** verdient eine Vertiefung.[43] Indem unser Land zur Trinkwasserversorgung von rund vier Millionen Menschen auf beiden Seiten der Frontlinie des Donbass beiträgt, schafft sie gleichzeitig Vertrauen zwischen den Konfliktparteien auf beiden Seiten der Frontlinie. Die Bevölkerung hängt beim Wasser von der Firma Vodadonbasa ab, die ein riesiges Versorgungssystem mit 18 Wasseraufbereitungsanlagen betreibt. Das ukrainische Unternehmen ist in Bezug auf Wasserdesinfektionsprodukte auf internationale Lieferungen angewiesen. Die Schweiz leistet seit 2015 Hilfe in Höhe von 1,5 Millionen Franken pro Jahr. Diese Hilfe ist unerlässlich. Würde diese einzige Trinkwasserquelle in dieser sehr trockenen Region versiegen, müssten Millionen von Menschen ihre Häuser verlassen. Zudem ist dieses Versorgungssystem ein wichtiges Symbol, bildet es doch die einzige Infrastruktur, die im Dienste beider Seiten steht und diese zwingt, sich miteinander zu arrangieren. Die Hoffnung auf Frieden entsteht oft aus einem Detail. Zudem gelang es, mit diesem Engagement die Übertragung von Infektionskrankheiten durch Trinkwasser zu verhindern.

Um nachhaltig zu sein, muss diese Politik der diplomatischen Macht auf einer glaubwürdigen aktiven Neutralität beruhen. Affären wie jene um die Crypto AG oder die Exzesse in der Waffenausfuhrpolitik senden aus dieser Perspektive eher negative Signale aus.

---

[43] Interpellation 19.3997, *Ukraine. Humanitäre Hilfe für den Frieden.*

5.2.1 Beitritt der Schweiz zum UNO Sicherheitsrat

Unser Land ist Kandidat für einen der zehn nicht-ständigen Sitze im Sicherheitsrat der Vereinten Nationen im Zeitraum 2023–2024 (zwei Sitze sind jeweils für westeuropäische Länder reserviert). Zur Erinnerung: Die ständigen Mitglieder sind die Vereinigten Staaten, Russland, Frankreich, das Vereinigte Königreich und China.

Die Schweiz hat beste Aussichten, gewählt zu werden. Ein Sitz im UNO Sicherheitsrat wäre nach dem erfolgreichen OSZE-Vorsitz 2014 – das war inmitten des Ukraine-Konflikts – eine neue Gelegenheit zu zeigen, dass es unserem Land ein Anliegen ist, den Multilateralismus zu stärken und zur Lösung von Konflikten und zum Abbau von Spannungen in der heutigen Welt beizutragen. Dies stärkt die Glaubwürdigkeit unseres internationalen Engagements und der «aktiven Neutralität», der wir mehr Bedeutung verleihen wollen. Und wie Fabien Merz im Mai 2020 in den «CSS Analysen zur Sicherheitspolitik» *Die Schweizer Kandidatur für den UNO-Sicherheitsrat* zu Recht betont, «hätte die Schweiz durch einen Einsitz eine einmalige Gelegenheit, einen wichtigen Beitrag zu dringend notwendigen Reformen des Sicherheitsrates zu leisten.»

5.3 Massenheer im Kalten Krieg

Nach dem Zweiten Weltkrieg und bis 1989 im Kontext des Kalten Krieges unterhielt die Schweiz eine Massenarmee mit allgemeiner Wehrpflicht und Militärdienstpflicht vom 20. bis 50. Altersjahr. Das Heer verfügte über bedeutende, aber insgesamt wenig bis unzulänglich ausgerüstete Infanterietruppen für den allfälligen Einsatz an der Landesgrenze. Zudem unterhielt die Schweizer Armee – gemessen an der Fläche des Landes und der Grösse der Bevölkerung – während Jahren die in Europa höchste Zahl gepanzerter Fahrzeuge, Artillerie und Kampfflugzeuge. Das Verteidigungskonzept blieb im Grossen und Ganzen an den gleichen Prinzipien wie im Zweiten Weltkrieg orientiert: «Wir allein gegen den Rest der Welt».

5.4 Auf dem Weg zur Weiterentwicklung der Armee WEA

Nach dem Fall der Berliner Mauer musste die Schweizer Armee, wie die meisten westlichen Armeen, ihre Bestände schrittweise verkleinern. Die Zahl der Soldaten wurde nach und nach angepasst, wenn auch weniger als in anderen Ländern. Abbau war auch bei der Bewaffnung angesagt: weniger Flugzeuge, weniger Panzer, dafür mehr und bessere technologische und militärische Fähigkeiten.

Das jüngste Konzept, die «Weiterentwicklung der Armee» WEA, beruht auf einer Wehrpflicht der 20- bis 32-Jährigen und einem Bestand von 140 000 Mann mit dem Ziel, trotz den häufigen Dienstverschiebungen jederzeit 100 000 Mann für Einsätze zur Verfügung zu haben.

5.5 Die verfassungsmässigen Aufgaben der Armee

Gemäss Artikel 58 der Bundesverfassung hat unsere Armee drei Aufgaben zu erfüllen:

1. Verteidigung des Schweizer Territoriums und der Souveränität

2. Unterstützung der Zivilbehörden auf deren Ersuchen hin, zum Schutz der Bevölkerung

3. Militärische Friedensförderung, namentlich durch Auslandsmissionen

Militärs pflegen die Armee oft als Versicherung gegen mögliche zukünftige Risiken zu definieren. Bis diese möglicherweise irgendwann eintreffen, wird die Armee zwischenzeitlich für praktische Aufgaben eingesetzt, die im Zusammenhang mit dem Verfassungsauftrag stehen:

1) Der konkrete Einsatz militärischer Truppen beschränkt sich (neben den Ausbildungsdiensten und Übungen) auf die jährliche Sicherung des WEF in Davos, weiterer gelegentlicher internationaler Konferenzen sowie den Botschaftsschutz – alles Aufgaben, welche die Armee subsidiär zu den kantonalen Polizeikräften leistet. Während der Covid-19-Krise und der vorübergehenden Schliessung der Grenzen unterstützten Armeeangehörige

106

ferner das Grenzwachtkorps. Für den Schutz des Luftraums ist – abgesehen von Skyguide für die Flugsicherung und der Polizei für Drohnen unter 20 Kilogramm Gewicht – allein die Armee zuständig.

2) Die Unterstützung der zivilen Behörden ist vielfältig: Sie reicht von der Katastrophenhilfe in Zusammenarbeit mit dem Zivilschutz bis zur kräftigen Beteiligung bei grossen Volksanlässen wie dem Eidgenössischen Schwingfest oder der Vorbereitung von Skipisten für internationale Wettkämpfe in Wengen, Adelboden oder Crans-Montana. Nicht zu vergessen die majestätische *Patrouille des Glaciers*, die ich hier ihres sportlichen Aspekts wegen erwähne, auch wenn sie fast nur die Armee betrifft. Weiter kann die Wasserversorgung von Bergbauern in Dürrezeiten per Helikopter erwähnt werden. Helikopter und Aufklärungsdrohnen werden auf Gesuch des Grenzwachtkorps oder der Polizei auch zur Überwachung der Grenze und für die Suche nach vermissten Personen eingesetzt. Ferner hat der Bundesrat auf Antrag der Kantone die Armee auch in der Covid-19-Pandemie mobilisiert. Der Unterstützungsdienst zur Bewältigung der ersten grossen Welle der Corona-Krise bestand aus rund 5000 Soldaten, die um die 320 000 Diensttage leisteten, zusätzlich zum Zivilschutz mit rund 300 000 Diensttagen und dem Zivildienst, der in der gleichen Periode über 540 000 Diensttage in Corona-relevanten Bereichen wie dem Gesundheits-, Sozial- und Bildungswesen sowie speziellen Covid-Noteinsätzen leistete und somit die Hauptlast trug. Die Armee bot Sanitätstruppen und Spitalbataillone sowie Einheiten für logistische Unterstützung und zur Erfüllung von Sichcrhcitsaufgaben auf – die grösste Mobilisierung seit 1945. Dies bildet ein konkretes Beispiel für die wichtige Rolle von Armee, Zivilschutz und Zivildienst zur Hilfe und Unterstützung für die Bevölkerung auf Ersuchen der zivilen Behörden und unter Wahrung des Subsidiaritätsprinzips, sei es im Falle einer Pandemie oder einer Tragödie wie den furchtbaren Erdrutschen, die vor einigen Jahren das Walliser Dorf Gondo auf der italienischen Seite des Simplongebiets heimsuchten.

3) Seit 1999 betrifft die militärische Friedensförderung vor allem den Einsatz der Swisscoy im Kosovo im Rahmen der KFOR, der unter UNO-Mandat zur Verminderung und Verhütung von Gewalt eingesetzten Eingreiftruppe. Einige Schweizer Militärangehörige sind auch anderswo vor Ort, um militärische Hilfe zu leisten, so in Bosnien, Korea oder Mali. Gemäss den vom Bundesrat in seinem Sicherheitsbericht regelmässig in Erinnerung gerufenen Zielen strebt er an, ständig 500 Militärangehörige zur Friedensförderung im Ausland einzusetzen. Das ist bisher bei weitem noch nie erreicht worden, wir standen meist bei rund der Hälfte. Grundsätzlich erfordert die Beteiligung der Schweiz an solchen Missionen ein völkerrechtliches Mandat, in der Regel der UNO, sowie die Integration in einen multinationalen Einsatz. Denn es kommt für unser Land nicht in Frage, eigenständig Truppen im Ausland einzusetzen. Ausgeschlossen ist auch, dass Schweizer Soldaten den Kampf suchen oder sonst absichtlich in Kämpfe verwickelt werden. Ganz im Gegenteil besteht ihr Hauptziel darin, Gewalt zu verhüten und möglichst zu vermeiden, d.h. zur Senkung des Gewaltniveaus beizutragen. Sie sind ausschliesslich zum Schutz von sich selbst und ihres Mandates bewaffnet. Im Rahmen der KFOR sind die Swisscoy-Soldaten in logistischen Unterstützungseinsätzen und für die Kontaktaufnahme mit der Zivilbevölkerung vor Ort tätig, um mögliche Spannungen in der kosovarischen Gesellschaft frühzeitig zu erkennen und zu entschärfen.

Eine andere, bisher nicht ausreichend genutzte Art von Aufgabe betrifft den Einsatz von Schweizer Polizeikräften zur Nachkonfliktbearbeitung. Hier geht es um Stabilisierung, Reform des Sicherheitssektors und Wiederaufbau sowie Unterstützung und Ausbildung der lokalen Polizeikräfte bei der Bekämpfung von Kriminalität und Korruption – Geisseln, die die Entwicklung des demokratischen Prozesses, die Stärkung des Rechtsstaates und damit die wirtschaftliche Entwicklung entscheidend behindern.

5.6 Wie das Land tatsächlich verteidigen und die Mittel an die realen Risiken anpassen?

Die Sicherheitsprobleme haben sich in den letzten Jahrzehnten im Zentrum Europas tiefgreifend verändert. Ein traditioneller Konflikt mit unseren Nachbarn scheint mittel- oder langfristig unvorstellbar. Hingegen gibt es durchaus plausible und wahrscheinliche Bedrohungen wie Terrorismus, grenzüberschreitende und organisierte Kriminalität oder Cyberrisiken. In diesen Bereichen steht nicht das Militär an vorderster Front, sondern Polizei, Grenzwächter oder Nachrichtendienst.

Der Standpunkt der Armeeführung ist jedoch nach wie vor primär auf den Ausbruch eines möglichen konventionellen Krieges fixiert, wie die prioritäre Beschaffung von Minenwerfern, der Erhalt zahlreicher Schützenpanzer und die Wiedereinführung einer Luft-Boden-Angriffsfähigkeit unserer Kampfflugzeuge zeigen, ebenso die mit der WEA wieder eingeführte Fähigkeit, in weniger als 10 Tagen 35 000 Soldaten mobilisieren zu können. Zudem wird Zahl und Art unserer Kampfflugzeuge weit über das vertretbare Mass hinaus festgelegt, um über die unbestrittene Luftpolizei zum Luftraumschutz hinaus die Fähigkeit zur Luftverteidigung gegen geballte Angriffe durch feindliche Kampfflugzeuge zu gewährleisten.

Selbst wenn es dafür Szenarien geben würde, bliebe die Fähigkeit der Schweizer Armee, in einem konventionellen Krieg zu bestehen, äusserst begrenzt. Unsere Rüstung mitsamt der Fliegerabwehr ist veraltet und der Umfang der Kampfflugzeugflotte aus finanziellen Gründen zwingend begrenzt. Zum grossen Leidwesen von einigen wurde der Ausrüstungsstand unserer Armee zudem im Laufe der Jahre in Anpassung an sich stark verändernde reale Risiken stark reduziert.

Die Erwartung, die Schweiz könnte sich heute allein auf sich gestellt autonom verteidigen, wie sie dies angeblich früher getan hat, wäre eine grosse Illusion. Neue Technologien sind äusserst komplex, ihr Preis unerschwinglich und die finanziellen Mittel logischerweise eng begrenzt. Es braucht eine andere Vision für unsere Verteidigung, die nicht auf einem «Alleingang» beruht, sondern auf einer differenzierten Lösung, die den heutigen geostrategischen, technologischen und militärischen Realitäten Rechnung trägt. Und vor allem nicht darauf beharrt, unsere objektiv gesehen besondere Lage im Herzen Europas unter dem Schutz der NATO weiterhin kleinzureden oder gar gänzlich zu verschleiern.

Kapitel 6

Ein Sicherheitskonzept für die Schweiz

Angesichts der Entwicklung der Sicherheitsrisiken, mit denen die Schweiz objektiv gesehen heute oder mittel- und langfristig ernsthaft konfrontiert ist, muss unser Land seine Optionen im Bereich der Verteidigung überprüfen und die Prioritäten neu definieren. Es wäre angebracht, unsere Armee, die angesichts der potenziell erkennbaren Risiken von heute und morgen nur noch eine subsidiäre, unterstützende Rolle spielen kann, weiter zu verkleinern. Dies würde Ressourcen freisetzen, um die Bestände jener Kräfte zu erhöhen, die angesichts der heutigen Sicherheitsherausforderungen wie Terrorismus, organisierte Kriminalität, Cyber-Risiken oder Naturkatastrophen wirklich an vorderster Front stehen wie Polizei und Grenzwachtkorps. Deren Bestände sind heute unzureichend.

Konzeptionell muss zudem besser berücksichtigt und weiterentwickelt werden: **Die Sicherheit der Schweiz und ihrer Bevölkerung muss jenseits unserer Grenzen beginnen.** Eine gerechtere Welt, mit weniger Elend und menschlichem Drama, wird eine sicherere Welt sein und damit auch im eigenen Land weniger wahrscheinlich Auswirkungen in Form von Terrorakten oder unkontrollierten Migrationsbewegungen haben.

Das Konzept beruht argumentativ auf folgenden 15 Punkten:

1) Die Gefahr, dass mitten im europäischen Kontinent kurz-, mittel- und langfristig ein konventioneller Krieg ausbricht, ist verschwindend gering.

2) Die Schweiz ist von befreundeten Ländern und stabilen Demokratien umgeben.

3) Die Schweiz liegt mitten im NATO-Dispositiv, umgeben von NATO-Mitgliedstaaten, mit Ausnahme Österreichs, einem befreundeten EU-Mitgliedstaat (siehe Karte Seite 43 dieses Buches).

4) Europa lebt in Frieden und Sicherheit. Potenzielle Spannungsgebiete gibt es allein an den Osträndern Europas an der Grenze zu Russland. Diese Spannungen sind die Folge der Neuordnung dessen, was von Russlands historischen Einflusszonen übrig geblieben ist und sich ausserhalb der NATO-Schutzzone nach Artikel 5 des Washingtoner Vertrags befindet.

5) Der potenzielle Aggressor Nummer eins Europas ist Putins Russland. Seit 2010 wird hier kräftig aufgerüstet und am Machtzuwachs gearbeitet. Dennoch sei daran erinnert, dass die militärischen Investitionen Russlands heute immer noch mehr als elf Mal niedriger sind als jene der Vereinigten Staaten, dem Grundpfeiler der NATO. Das BSP von Russland entspricht bloss jenem der Benelux-Staaten. Zwar bemüht Russland sich, auf den Trümmern des Sowjetimperiums eine neue Streitkraft aufzubauen – sinnbildlich bleibt aber die Tragödie des mit Marschflugkörpern bestückten Atom-U-Boots Kursk, das 2000 nach einem technischen Defekt in der Barentsee sank und die ganze Besatzung mit in den Tod riss. Aufgrund der völligen Unfähigkeit der russischen Rettungskräfte ersuchte Moskau schliesslich die norwegische Regierung, die Leichen zu bergen…

6) Russland bleibt zwar eine Atommacht, dem einzigen Bereich, in dem Putin mit den westlichen Streitkräften mithalten kann. Doch gegen Atomwaffen können wir – abgesehen von der äusserst risikoreichen Abschreckung – nichts tun, als den Frieden, die multilaterale Rüstungskontrolle und Abrüstung sowie das friedliche Zusammenleben zu fördern.

7) Die wirklichen Gefahren, welche die Schweiz heute bedrohen, lauern anderswo: Terrorismus, Kriminalität, insbesondere grenzüberschreitende Kriminalität, Cyber- oder Klimabedrohungen, Pandemien.

8) In unserem Land besteht ein Missverhältnis zwischen den strategischen und rüstungspolitischen Entscheidungen und den tatsächlichen Risiken, was zu einer unbefriedigenden Ressourcenverteilung führt. Haben wir zum Beispiel nicht gerade eine Pandemie erlebt, ohne genügend Schutzmasken und hydro-alkoholische Lösungen zur Desinfektion unserer Hände?

9) Die Ausrüstung unserer Armee geht grösstenteils auf das Ende des Kalten Krieges zurück. In zahlreichen Bereichen wie der Boden-Luft-Verteidigung oder der Artillerie ist unsere Rüstung veraltet. Falls wir tatsächlich eine konventionelle Verteidigungsfähigkeit wiederherstellen möchten, müssten wir in den nächsten Jahren exorbitante Summen investieren: 30 oder 40 neue Hochleistungs-Kampfflugzeuge beschaffen, (laut offizieller Militärdoktrin wären mindestens 55 Flugzeuge erforderlich) und nahezu alle Grosswaffensysteme ersetzen, die überwiegend aus der Zeit des Kalten Krieges stammen. Dennoch bliebe das Ergebnis mit Blick auf die militärische Wirksamkeit äusserst begrenzt. Unsere Armee bliebe in Bezug auf Grösse und Ressourcen weiterhin eine «Grossmachtarmee im Taschenformat» und hätte im Vergleich zu grossen Nationen keine wirklich glaubwürdigen Interventionsmittel. Sollte rein theoretisch und hypothetisch unser Land trotz allem jemals angegriffen werden, so könnte die Schweiz den Angriff niemals aus eigener Kraft abwehren – eine Problematik, die sich aufgrund der hohen Verletzlichkeit moderner Gesellschaften und Infrastrukturen noch weiter verschärft.

10) Unsere Fähigkeit, in neue Rüstungsgüter zu investieren, ist begrenzt: heute 1 Milliarde pro Jahr auf der Grundlage der vom Parlament bewilligten 5-Milliarden-Armee. Nun strebt der Bundesrat im Finanzplan und mit der Armeebotschaft 2020 eine massive Erhöhung der Ausgaben für die Landesverteidigung bis 2032 auf nahezu 8 Milliarden jährlich an, so dass das jährliche Investitionsbudget innert zehn Jahren allmählich auf 2 Milliarden pro Jahr steigt. Dies wird in Zukunft einen massiven Druck auf die Renten, AHV, Verbilligung der Krankenkassenprämien, Investitionen für die Energiewende, Bildung, Infrastruktur und Entwicklungshilfe

ausüben – nicht zu vergessen die komplizierte Situation der Bundes-, Kantons- und Gemeindefinanzen in den kommenden Jahren als Folge der wirtschaftlichen und finanziellen Folgen der Covid-19-Pandemie.

11) Das Problem der begrenzten finanziellen Mittel verschärft sich mit der technologischen Entwicklung. Hightech wird in der Beschaffung, Bedienung und dem Unterhalt immer anspruchsvoller und kostspieliger. Die technologische Revolution macht es für unser Land und für unsere Milizarmee noch schwieriger, eine rundum-Ausrüstung sicherzustellen und wettbewerbsfähige militärische Fähigkeiten aufrechtzuerhalten.

12) Einer der drei Verfassungsaufträge der Schweizer Armee ist die Friedensförderung. Der Bundesrat hat vielfach bekräftigt, dafür im Ausland ständig rund 500 Schweizer Armeeangehörige im Einsatz zu haben. Davon sind wir weit entfernt, obschon ein substanzieller Beitrag zur Schaffung einer friedlicheren Welt unmittelbar zu unserer eigenen Sicherheit beitragen würde. Ohne gute Regierungsführung gibt es keine nachhaltige Entwicklung, wie uns viele Länder in Afrika und dem Nahen und mittleren Osten vor Augen führen. Es geht darum, zur Stärkung ihrer Staatlichkeit mit demokratisch kontrollierten Streitkräften und Polizei beizutragen sowie einer Justiz, die ihrer Aufgabe gewachsen und fähig ist, den Rechtsstaat und die demokratischen Werte aufrechtzuerhalten und Korruption und Kriminalität wirksam zu bekämpfen. Die Schweiz kann und soll mit den von den Genfer Friedenszentren angebotenen Dienstleistungen und der Entsendung von Militär- und Polizeipersonal, das vor Ort zur Reform des Sicherheitssektors beiträgt, zu dieser notwendigen Entwicklung beitragen – aus Solidarität, aber auch für ihre eigene Sicherheit.

13) Entwicklungshilfe sollte für unser Land und alle entwickelten Nationen eine Priorität sein. Ein zu grosser Teil der Weltbevölkerung, in Asien und namentlich in Afrika, leidet unter Armut, Hunger, Epidemien und Analphabetismus. Die eklatanten Ungleichheiten der heutigen Welt sind der Nährboden für Kriege, Terrorismus und erzwungene Migration.

In der Schweiz sind wir von dem vom Bundesrat international vielfach versprochenen, bescheidenen Ziel von 0,7% des Bruttonationaleinkommens BNE für die Entwicklungshilfe weit entfernt. Wir haben mit 0,5% zu kämpfen, und einige fordern sogar, dieses vom Parlament festgelegte Ziel einfach zu streichen. Dabei ist es gerade auch sicherheitspolitisch angesichts der absehbaren Verdoppelung der Bevölkerung in Afrika bis 2050 unerlässlich, unseren Beitrag zu einer nachhaltigen Entwicklung in diesen Ländern zu leisten, damit die jüngere Generation Hoffnung und Arbeit in ihrer Heimat finden kann. Die wenigsten afrikanischen Länder werden in der Lage sein, den Bedarf an Bildungs- und Arbeitsplätzen, den die derzeitige demografische Transition mit sich bringt, allein zu decken.

14) Der Kampf für den Schutz der Umwelt, die Erhaltung der Biodiversität und vor allem gegen die globale Klimaerhitzung hat absolute Priorität, auch unter dem Gesichtspunkt der Sicherheit. Der Klimawandel könnte schwerwiegende Folgen haben, in unserem Land besonders in den Alpenregionen und – global gesehen – ganze Kontinente destabilisieren.

15) Sicherheit erfordert auch ein gutes Zusammenleben. Eine gerechte Gesellschaft mit einer besseren Verteilung des Reichtums, die es jeder und jedem ermöglicht, seinen Platz zu finden und im Einklang mit anderen und mit der Umwelt zu leben, ist letztlich eine weniger gewalttätige Gesellschaft, eine Gesellschaft, in der sozialer Zusammenhalt herrscht. Eine solche Gesellschaft wird auch besser in der Lage sein, sich noch stärker als bisher für eine bessere und nachhaltigere Welt einzusetzen und zu teilen. Denn wer den Bedürftigsten am anderen Ende der Welt hilft und **die Unterprivilegierten zu Hause vergisst, ebnet den Weg für den Populismus**.

Kapitel 7

Schlussfolgerungen

Unser Land profitiert von einer besonderen und privilegierten Sicherheitslage: Mitten in einem friedlichen Europa gelegen, umgeben von Ländern, mit denen wir wirtschaftlich eng verflochten sind und freundschaftliche Beziehungen pflegen, befindet sich die Schweiz inmitten eines von der NATO geschützten Kontinents – dem mächtigsten Verteidigungsbündnis der Welt, das nach Artikel 5 des Nordatlantikpakts (auch Washingtoner Vertrag genannt) verpflichtet ist, alle seine Mitgliedstaaten und damit im Ergebnis auch alle Nachbarländer wie die Schweiz zu verteidigen. Unser Land wird faktisch durch einen Kontinent geschützt, der seine Verteidigung gemeinsam und solidarisch organisiert hat – wir sind objektiv gesehen **ein blinder Passagier der NATO.**

Eine Armee massiv mit konventionellen Waffen auszurüsten, um für einen traditionellen Konflikt gegen einen Nachbarstaat oder potenziellen Angreifer gewappnet zu sein, macht heute keinen Sinn mehr. Zum einen gibt es keinen glaubwürdigen Feind, der uns auch langfristig angreifen könnte, wie selbst der Bundesrat in seinem Sicherheitspolitischen Bericht 2016 und weiteren Verlautbarungen einräumt. Zudem ist unsere Armee mangels hochmoderner Waffen und einer ausreichenden kritischen Masse nicht in der Lage, als glaubwürdige Militärmacht aufzutreten und scheint dazu verurteilt zu sein, «im hinteren Glied» zu kämpfen. Im höchst unwahrscheinlichen Fall der Fälle könnten wir uns ohnehin nur in Zusammenarbeit mit unseren Nachbarn und Freunden verteidigen.

Im Gegenzug zum beträchtlichen Sicherheitsgewinn, den die Schweiz aufgrund ihrer geografischen Lage erfährt und der ihr den Status eines blinden Passagiers der NATO einbringt, sollte sich unser Land nicht ewig formell hinter ihrem Neutralitätsprinzip verstecken. Auch wer daran festhalten möchte, dass die Schweiz aus innenpolitischen und historischen Gründen nicht in der Lage ist, der NATO beizutreten, könnte zumindest die objektiv vorhandene Sachlage anerkennen, daraus strategische Schlüsse ziehen und anbieten, **mit dem, wo die Schweiz über grosse Fähigkeiten verfügt wie in der Friedensförderung, Stärkung der Menschenrechte, Entwicklungszusammenarbeit und Klimaschutz, zu den gemeinsamen Bemühungen für Frieden und ein gutes Zusammenleben beizutragen.**

Dies würde ihre Neutralität in keiner Weise beeinträchtigen, jedenfalls nicht mehr als während des Zweiten Weltkriegs, als sich die Schweiz auf eine «wohlwollende Zusammenarbeit» mit Nazi-Deutschland einliess.

Und wir können uns ohne weiteres den Worten von Alt-Bundesrat Didier Burkhalter (Le Matin 08.06.2017) anschliessen: «Die Schweiz ist gegenüber dem Terrorismus nicht neutral». **Die Schweiz ist Teil der grossen Allianz der demokratischen Welt gegen Barbarei und blinden Terrorismus. Unser Land hat eine legitime Position zu diesem brennenden Thema, das unsere Sicherheit stark herausfordert.** Im gleichen Artikel fügte der Alt-Bundesrat hinzu: «Unsere Sicherheit beginnt nicht an unserer Landesgrenze». **Militärische und zivile Friedensförderung und Entwicklungszusammenarbeit sind wirksame Mittel, um auch bei uns für mehr Sicherheit zu sorgen.**

Unser Land ist nach wie vor mit echten Bedrohungen konfrontiert, aber andere, auf welche sich unsere Armee vorbereitet, die gegen Terrorismus, organisierte Kriminalität, Cyberrisiken und Klimaprobleme nur am Rande unterstützend beitragen kann, ebenso wenig beim Risiko einer neuen Pandemie. Wenn wir die Ziele unserer Sicherheitspolitik an den echten Risiken ausrichten, werden wir effizienter und setzen Mittel frei für eine Zuweisung der Ressourcen an jene, die tatsächlich gefordert sind wie Polizei, Grenzwächter und Cyber-Spezialisten. Dies vergrössert auch auf internationaler Ebene unseren Handlungsspielraum für mehr Frieden, weniger Armut in der Welt und weniger erzwungene Flucht und Migration.

Aber unter Beibehaltung einer Basis-Streitkraft, die in der Lage ist, auf aussergewöhnliche Situationen zu reagieren, zur Unterstützung der Polizei, zum Beispiel im Falle eines massiven Terroranschlags oder bei Bedrohungen unserer kritischen Infrastruktur. Angesichts des blinden Terrorismus müssen wir auf angemessene und erhebliche Mittel zurückgreifen können, wie uns die schrecklichen Ereignisse, die mehrere europäische Städte heimgesucht haben, leider gezeigt haben. Unsere Welt bleibt voller Gewalt, und diese Gewalt kann auch uns jederzeit treffen, aber anders als zu jenen Zeiten, als es in Europa noch konventionelle zwischenstaatliche Kriege gab. **Unsere Reaktionsfähigkeit muss sich anpassen, aber sie muss beharrlich, wirksam und verhältnismässig sein.**

Die Armee spielt beim Schutz der Bevölkerung durchaus eine wesentliche Rolle. **Es geht aber immer weniger um den Schutz von Territorien und viel eher um den Schutz der menschlichen Sicherheit.** Die Armee verfügt über bedeutende logistische Ressourcen, die zur Unterstützung der zivilen Behörden, Gemeinden und Kantone auf deren Ersuchen bei Naturkatastrophen, Störungen unserer hoch verletzlichen technischen Infrastruktur sowie bei Epidemien oder Pandemien eingesetzt werden können, wie dies beim Covid-19 der Fall war.

7.1 Mehr Mittel dort, wo es sie braucht

7.1.1 Polizei

In der Schweiz liegt die Wahrung der öffentlichen Sicherheit in der Verantwortung der Kantone. Gemäss den Aussagen kantonaler Polizeiverantwortlicher fehlen in unserem Land rund 3000 Polizisten. Diese Zahl wird seit mehreren Jahren immer wieder genannt. Der Bedarf dürfte heute aufgrund des Bevölkerungswachstums noch höher sein (theoretisch braucht es pro 1000 Einwohner drei Polizisten). Der Bedarf steigt auch aufgrund der «24-Stunden-Gesellschaft» in den Städten; dem anhaltend grossen Problem häuslicher Gewalt; und aufgrund neuer Sicherheitsrisiken wie Cyber, Terrorismus und Informationskrieg. Die den Polizeikorps zugewiesenen Aufgaben sind vielfältig und nahmen in den letzten Jahren unbestreitbar zu.

Die Polizei ist der Grundpfeiler unserer Sicherheitsorganisation, nahe bei den Leuten, an vorderster Front und vielfältig bei jenen Gefahren einsetzbar, die Land und Bevölkerung tatsächlich bedrohen. Die Polizei ist ausgebildet, selbst bei der Neutralisierung von Wahnsinnigen die Verhältnismässigkeit zu wahren und bildet das erste und wichtigste Glied zur Verhütung und Bekämpfung von Cyberangriffen und Terrorismus unter Wahrung der Grundrechte und rechtsstaatlichen Verfahren.

Auf der Grundlage von Konkordaten unterstützen sich die kantonalen Polizeikorps gegenseitig, insbesondere bei nationalen oder internationalen Grossveranstaltungen. Die Kantone verfügen über polizeiliche Eingreifgruppen, die sowohl physisch als auch in Kampf- und Interventionstechniken bestens ausgebildet sind. Laut Schätzungen stehen in der Schweiz zwischen 700 und 800 besonders ausgebildete und erfahrene Polizeibeamte zur Bewältigung komplexer und gefährlicher Situationen in ihrem Kanton oder einem Nachbarkanton zur Verfügung, vergleichbar mit der Eingreiftruppe der Nationalgendarmerie G.I.G.N. in Frankreich.

Es gibt heute einen Trend, bestimmte Sicherheitsaufgaben an private Sicherheitsunternehmen zu übertragen. Aus rechtsstaatlicher Sicht sollte die Zuständigkeit für die Anwendung von Zwangsmassnahmen jedoch ausschliesslich in den Händen der öffentlichen Sicherheitskräfte liegen – in der alleinigen Verantwortung von politisch und parlamentarisch wirksam beaufsichtigten, gut ausgebildeten Polizeibeamten, welche die Menschen und ihre Rechte und Freiheiten respektieren.

7.1.2 Grenzwachtkorps, Transportpolizei

Die Aufgaben unserer rund 2200 Grenzwächter hat sich seit dem Beitritt der Schweiz zum Schengen-Raum verändert. Doch ist es nach wie vor unerlässlich, die Sicherheit im Grenzraum unseres Landes zu gewährleisten, alle Formen des Menschenhandels und anderer Formen grenzüberschreitender Kriminalität zu bekämpfen und terroristische Akte zu verhindern. Die grenzüberschreitende polizeiliche Zusammenarbeit zwischen der Schweiz und ihren Nachbarländern wurde deutlich verstärkt und das Schengener Informationssystem (SIS) trägt wesentlich zur Verbrechensbekämpfung bei. Wie ein Fedpol-Beamter betont, wären unsere Polizei- und Grenzbeamten ohne das SIS «taub und blind», da sie vom Zugang zur gewaltigen Datenbank, die das Schengen-System betreibt, abgekoppelt wären. Das Grenzwachtkorps arbeitet eng mit den Polizeikräften der Grenzkantone zusammen, insbesondere im Hinblick auf die grenzüberschreitende Kriminalität, die in einigen Regionen ein grosses Problem darstellt (Einbrüche, Diebstähle, Menschenhandel aller Art).

Wiederholte Forderungen nach angemessener Ausrüstung und besseren Arbeitsbedingungen und Löhnen haben Priorität. Die Zollverwaltung wird derzeit umgebaut (Programm DaziT), doch sollte die Umstrukturierung nicht auf Kosten der Sicherheitsfragen erfolgen, sowohl der Sicherheit des Landes als auch der Sicherheit von Einzelpersonen.

Die Transportpolizei verfügt über rund 250 Beamte und trägt zur Sicherheit in Zügen und Bahnhöfen, zur Bekämpfung von Unhöflichkeiten, Angriffen aller Art und ganz allgemein zum Schutz der Reisenden und des Personals bei.

Die Ausbildung der Grenzwächter und Polizeibeamten ist abgesehen vom spezifisch zollrelevanten Bereich ähnlich: körperliche Ausbildung, Sicherheitsprinzipien, Umgang mit Waffen, Techniken zur Personenkontrolle, Fahndung, Spurensuche, Aufspüren illegaler Waren wie Drogen oder Sprengstoff, Wahrung der Verhältnismässigkeit und Menschenrechte.

In allfälligen Krisensituationen wie Terrorakten oder anderen Gefährdungen verfügt der Bund somit – zusätzlich zu den kantonalen Polizeikorps – über einen eigenen Pool von Sicherheitskräften aus Grenzwachtkorps, Militärpolizei (es gibt über 500) und Transportpolizei. Zusammen bilden sie eine Reserve von fast 3000 gut ausgebildeten Spezialisten, die zum Schutz von Personen und kritischen Infrastrukturen sowie zur Wahrung der Rechtsstaatlichkeit beitragen können.

7.1.3 Zivilschutz

Der Zivilschutz ist ein auf kantonaler Ebene organisiertes Organ, das unter der Verantwortung jedes der 26 Kantone steht. Sein Zweck ist es, der Bevölkerung bei Schadensfällen und Katastrophen Hilfe zu leisten. Der Zivilschutz ist **eine der fünf Säulen im Bevölkerungsschutz**. Weitere Partnerorganisationen sind die **Polizei** zur Aufrechterhaltung von Ordnung und Sicherheit, die **Feuerwehr** für die Rettung und die allgemeine Schadenwehr, das **öffentliche Gesundheitswesen** einschliesslich des sanitätsdienstlichen Rettungswesens zur medizinischen Versorgung, sowie die **technischen Betriebe**, welche die Elektrizitäts-, Gas- und Wasserversorgung, die Abfallentsorgung sowie die Verkehrsverbindungen und Verfügbarkeit der Kommunikationskanäle sicherstellen. Der Zivilschutz unterstützt die Partnerorganisationen subsidiär, sofern Erste-Hilfe-Kräfte wie Polizei, Feuerwehr und Gesundheitsdienste nicht mehr ausreichen.

Die spezifischen Aufgaben des Zivilschutzes sind in Artikel 3 des Bundesgesetzes über den Bevölkerungsschutz und den Zivilschutz zusammengefasst: Der Zivilschutz ist verantwortlich «zum Schutz der Bevölkerung, zur Betreuung von Schutz suchenden Personen, zum Schutz der Kulturgüter, zur Unterstützung der Führungsorgane und der andern Partnerorganisationen sowie für Instandstellungsarbeiten und für Einsätze zu Gunsten der Gemeinschaft.»

7.1.4 Zivildienst

Im Unterschied zum Zivilschutz ist der Zivildienst in der alleinigen Verantwortung des Bundes. «Vorbeugung und Bewältigung von Katastrophen und Notlagen» bildet einer von acht Tätigkeitsbereichen – neben «Sozialwesen», «Gesundheitswesen» u.a. Übergeordnetes Ziel ist laut Gesetz, «den sozialen Zusammenhalt zu stärken, insbesondere die Situation Betreuungs-, Hilfe- und Pflegebedürftiger zu verbessern» (Artikel 3).

Das Parlament erklärte den Zivildienst im Jahre 2015 ausdrücklich zu einem Teil des Systems zur Gewährleistung der Sicherheit, indem er im Zielartikel des Zivildienstgesetzes den Absatz einfügte: «Er leistet Beiträge im Rahmen der Aufgaben des Sicherheitsverbundes Schweiz».

Bei Einsätzen im Zusammenhang mit Katastrophen und Notlagen kann die Vollzugsstelle des Bundes für den Zivildienst selbst die Rechte und Pflichten eines Einsatzbetriebs übernehmen, die Einsätze mit den zuständigen Führungsorganen und Fachinstanzen koordinieren und die zusätzlichen ungedeckten Kosten dieser Einsätze im Rahmen der bewilligten Kredite ganz oder teilweise übernehmen.

Zur Bewältigung der Folgen besonderer und ausserordentlicher Lagen kann der Bundesrat zudem ausserordentliche Zivildienstleistungen anordnen, sofern unterstützungsbedürftige Kantone beim Bund entsprechende Anträge einreichen. In diesem Falle bietet die Vollzugsstelle neu zum Zivildienst zugelassene Personen sofort auf.

Der Zivildienst wird ergänzend eingesetzt, wo es nötig oder sinnvoll ist, so zur Verstärkung der Durchhaltefähigkeit der übrigen Leistungserbringer («viele Hände»). Der «Pandemieplan Schweiz» umschrieb 2018 die Rolle des Zivildienstes wie folgt: «Er verfügt über Tausende von Zivildienstpflichtigen, die in der Pflege und Betreuung von Menschen ausgebildet und erfahren sind. Die Vollzugsstelle für den Zivildienst ZIVI kann im Falle einer Pandemie die Zivildienstpflichtigen innerhalb von vier bis sechs Wochen zu mehrmonatigen Einsätzen aufbieten.»

7.1.5   Friedensförderung, humanitäre und Entwicklungshilfe

Ein Beitrag zu mehr Frieden in der Welt und auf unserem Kontinent, der mit menschenwürdigen Lebensbedingungen und echter Hoffnung für die Menschen vor Ort einhergeht, trägt gleichzeitig zu mehr Frieden und Sicherheit in unserem Land und in ganz Europa bei, indem die Bedingungen, die den Nährboden für Terrorismus, Gewalt, Konflikt, Fragilität und schlechte Regierungsführung bilden, verbessert werden.

Die Förderung des Friedens, der menschlichen Sicherheit und der Entwicklungshilfe sind eng miteinander verbunden, denn Unsicherheit behindert die Entwicklung eines Landes, entmutigt Privatinitiative und Investitionen, während eine wirtschaftliche Entwicklung durch die Schaffung von menschenwürdigen Arbeitsplätzen, Zukunftsperspektiven und verbesserten Lebensbedingungen eine Voraussetzung für dauerhaften Frieden und Sicherheit ist.

Die militärische Friedensförderung ist einer der drei Verfassungsaufträge der Armee, aber bildet bis heute deren vernachlässigtes Stiefkind. Friedensförderung muss ein strukturbildender Faktor der Armee werden, so dass Ausbildung und Ausrüstung spezialisierter Truppen eigens für die Friedensförderung geschaffen und bereitgehalten werden. Zwar hat der Bundesrat vielfach seine Absicht bekräftigt, den Einsatz von Schweizer Armeeangehörigen im Ausland auf 500 Angehörige praktisch zu verdoppeln. Um das vom Bundesrat gesetzte Ziel zu erreichen, müsste neben Swisscoy als Teil der KFOR im Kosovo ein zweites Kontingent in ein anderes Einsatzgebiet entsandt werden – unter einem UNO-Mandat, im Einverständnis der wichtigsten Konfliktparteien und zwecks Verhütung und Verminderung der Gewalt. Dies erfordert eine den geografischen und politischen Verhältnissen angepasste Ausbildung und Ausrüstung unserer Soldaten. Diese gibt es für gemässigte Zonen, nicht aber für Wüsten- oder Tropengebiete. Heute dürfte es deshalb ausgeschlossen sein, unsere Soldaten in grosser Zahl in entsprechende afrikanische Länder zu entsenden.

Die Schweiz stellt zudem jedes Jahr internationalen Friedensmissionen rund 200 zivile Expertinnen und Experten – darunter einige Polizeispezialistinnen und -spezialisten – zur Verfügung, um den Frieden zu fördern und die Menschenrechte zu stärken. Der Expertenpool für zivile Friedensförderung übernimmt ihre Ausbildung in der Schweiz und stärkt die Kapazitäten von Expertinnen und Experten in den Krisengebieten.

Eine besondere Anstrengung ist gefordert, um den Personalpool für Einsätze von Polizeiangehörigen in multilateralen Friedensoperationen deutlich zu erhöhen und neben kantonalen Polizeikräften und Personal des Grenzwachtkorps auch Mitarbeitende der Militärischen Sicherheit für solche Einsätze auszubilden und zur Verfügung zu stellen. Die internationale Nachfrage ist weit grösser als das Angebot an Polizeikräften mit ausreichender Ausbildung für den Einsatz in Friedensoperationen der UNO, EU und OSZE. Die Kantone sollten Hand bieten, das aktuelle Kontingent von mickrigen 20 Polizeikräften tatsächlich zur Verfügung zu stellen und schrittweise markant zu erhöhen.

Ausbaufähig ist auch das Ausbildungszentrum (Swissint) in Stans, das unsere Soldaten auf friedensfördernde Einsätze im Ausland vorbereitet. Dieses Zentrum sollte nicht allein auf Anfragen reagieren, sondern stets ein Kontingent von Freiwilligen für den Auslandeinsatz bereithalten.

7.1.6 Die Genfer Zentren für Frieden und Sicherheit

Die Schweiz verfügt in Genf mit dem *Maison de la paix* über ein weltweit anerkanntes Kompetenzzentrum für Sicherheits- und Friedenspolitik. Es beherbergt unter anderem die drei Genfer Zentren, die als strategische Partner des Bundes mit multilateraler Trägerschaft zum Engagement der Schweiz für Frieden, Abrüstung und gute Regierungsführung beitragen:

1) **Zentrum für Sicherheitspolitik**: Es bietet praxisorientierte Aus- und Weiterbildung für internationale Friedens- und Sicherheitspolitik und richtet sich an Diplomatinnen und Diplomaten, Angehörige von Verwaltung und Militär sowie Mitarbeitende internationaler Organisationen.

2) **Internationales Zentrum für humanitäre Minenräumung**: Es befasst sich mit allen Fragen der humanitären Minenräumung (Antipersonenminen, Streumunition, explosive Munitionsrückstände), erarbeitet international gültige Standards, setzt Massstäbe für die Sicherheit des Personals im Feld und leistet in den betroffenen Ländern operative Unterstützung für Minenräumprogramme.

3) **Zentrum für demokratische Kontrolle der Streitkräfte**: Das weltweit führende Kompetenzzentrum für gute Regierungsführung und die Reform des Sicherheitssektors arbeitet in Partnerschaft mit der UNO, der Europäischen Union, der OSZE, der OECD und der NATO, darunter zu Fragen der Polizeireform, Korruptionsbekämpfung sowie zivilen und parlamentarischen Aufsicht zur Überwachung des Sicherheitssektors.

Es sei hier darauf hingewiesen, dass Ethik in den Streitkräften auch in unserem Land ein wichtiges Thema ist. Der Bundesrat hat in Erfüllung eines SP-Postulates im Jahre 2010 einen Bericht über die innere Führung der Armee *Militärethik in der Schweizer Armee* veröffentlicht. Er benennt die normativen Grundlagen und entwickelt eine Reihe von Massnahmen, um alle Armeeangehörigen in Ausbildung und Einsatz auf die Achtung der Menschenrechte, Grundrechtsordnung und Vermeidung jeglicher Art von Diskriminierung innerhalb der vielfältiger gewordenen Streitkräfte zu verpflichten. In seiner Stellungnahme zum Postulat 13.3183 von mir hielt der Bundesrat fest: «Die Schweiz hat als Mitglied der Uno und des Europarates die grundlegenden Menschenrechtsverträge ratifiziert. Diese sind – wie die verfassungsmässigen Grundrechte – integraler Bestandteil der Schweizer Rechtsordnung. Für bewaffnete Konflikte bilden die Regeln des Kriegsvölkerrechts den äusseren Rahmen der militärischen Gewaltanwendung. Die Armee steht nicht ausserhalb des Rechts. Sie hat sich vollumfänglich an die geltende Rechtsordnung zu halten. Ihre Führungskultur und die Form der Ausbildung basieren deshalb auf der Respektierung sowohl der Menschen- als auch der Grundrechte und des Kriegsvölkerrechts.» Bis wir soweit sind, bleibt freilich viel zu tun!

7.2 Welche Schweizer Armee brauchen wir in Zukunft?

Der Schutz der menschlichen Sicherheit und der demokratisch-freiheitlichen Verfassungsordnung bilden vorrangige Aufgaben unseres Landes und der Armee, was entsprechende grundlegende militärische Fähigkeiten erfordert. Diese braucht es auch mit Blick darauf, der Bevölkerung in Notlagen Hilfe und Schutz zu bieten; dabei greift die Armee bei solchen Einsätzen allein subsidiär auf Ersuchen der zivilen Behörden ein.

Dies erfordert eine Armee mit neuen Schwerpunkten und deutlich vermindertem Bestand, aber im Wesentlichen unveränderten Komponenten:

Schutz des Luftraums

- Eine gemischte Flotte leichter und robuster Kampfflugzeuge, die für die **Luftpolizei** und den **Schutz unseres Luftraums** verantwortlich ist, mit einer Einsatzfähigkeit rund um die Uhr, 365 Tage im Jahr. Die Anzahl verfügbarer Flugzeuge deckt die Ausbildung der Piloten mit einer ausreichenden Anzahl jährlicher Flugstunden ab und berücksichtigt die maximal mögliche Nutzungsdauer von jedem Flugzeug. Eine Luftverteidigungs- bzw. Luftkampffähigkeit gegen ebenbürtige Gegner ist nicht erforderlich – dafür fehlen die Szenarien. Möchten wir dennoch diese Fähigkeit, so müssten wir uns ohnehin für eine nochmals deutlich höhere Zahl von Hochleistungskampfflugzeugen entscheiden, was unsere finanziellen Möglichkeiten übersteigen würde und angesichts unserer geostrategischen Lage im Zentrum eines friedlichen Europas unter dem Schutz des NATO-Schildes bedeutungslos wäre. Wir verfügen über 30 F/A-18C/D Hornet, Hochleistungs-Kampfflugzeuge, deren Nutzungsdauer gegenwärtig auf 6000 Flugstunden erhöht wird. Eine gute Lösung wäre die zusätzliche Beschaffung von 15 bis 20 leichten Kampfflugzeugen, die den überwältigenden Anteil der Pilotenausbildung und der Kernaufgaben der Luftpolizei übernehmen. So könnten die F/A-18 geschont und deren Lebensdauer verlängert werden. (Dieser Vorschlag wird in Anhang 2 über die Beschaffung neuer Kampfflugzeuge ausführlich diskutiert).

- Moderne und leistungsstarke **Mittel für die bodengestützte Luftverteidigung**, eine «Versicherung» und gute Ergänzung zu einer Luftflotte, die hauptsächlich für luftpolizeiliche Einsätze zuständig ist. Diese Ausrüstung ermöglicht einerseits die Sicherung kritischer Infrastrukturen, und ist andererseits eine Antwort auf das potenzielle Risiko von fernwirkenden Marschflugkörpern, Lenkwaffen, ballistischen Raketen oder eines Drohnenangriffs, gegen welche Hochleistungs-Kampfflugzeuge machtlos sind. Ein terroristischer Angriff mit Drohnen und Lenkwaffen gegen das internationale Genf ist aber ein nicht auszuschliessendes Szenario, wogegen die Schweizer Luftwaffe bisher völlig unvorbereitet ist.

- Eine **aktive Zusammenarbeit** mit unseren Nachbarn und Freunden, um unsere Lufträume gemeinsam zu schützen und namentlich die Fähigkeit zur Früherkennung und Frühwarnung auszubauen.

- Optimale integrierte **Radarstruktur und -architektur** für die Früherkennung und Frühwarnung sowie die **Führungsunterstützung**.

- Eine verstärkte **Helikopterflotte**. Heute verfügen wir über knapp 50 Helikopter (9 Cougar, 15 Super Puma und 20 Eurocopter), was nicht viel ist. Sie sind in einem Land wie dem unseren, wo die Entfernungen kurz und das Gelände stellenweise zerklüftet ist, sehr effizient. Nebst der Möglichkeit, Truppen und Material zu transportieren, sind Helikopter in der Katastrophenhilfe und für die Rettung nützlich. Sie tragen auch zur Friedensförderungspolitik im Ausland bei (im Kosovo verfügt Swisscoy immer über zwei, manchmal drei Helikopter – die Schweizer Armee hat aber anscheinend zu wenig Helikopter-Techniker, um diese zu unterhalten…).

- **Ein Transportflugzeug**: für den Transport von Truppen und Ausrüstung für friedensfördernde und humanitäre Missionen, für Entwicklungszusammenarbeit, internationale Katastrophenhilfe und Waldbrandbekämpfung. Um die Kosteneffizienz zu erhöhen, wäre es sinnvoll, Schweizer Transportflugzeuge in einen europäischen militärischen Lufttransportpool zu integrieren und je nach Verfügbarkeit zu leasen.

Schutz- und Kampftruppen (Infanterie, mechanisierte Einheiten)

- Gut ausgerüstet, mobil, mechanisiert. Zahlenmässig stark begrenzte leichte Panzer- und Artilleriekapazität.

- 20 000 bis 25 000 Militärangehörige.

Spezialeinheiten

- Eine gut ausgebildete, gut ausgerüstete Truppe, die zu komplexen und gewagten Einsätzen fähig ist.

- Rund 800 bis 1000 motivierte Freiwillige.

Militärpolizei

- Zur Gewährleistung polizeilicher Aufgaben innerhalb der Armee.

Militärischer Nachrichtendienst

- Wesentliches Instrument, um neue Herausforderungen und Bedrohungen abzuschätzen und so möglichst frühzeitig Anpassungen einzuleiten.

- Zusammenarbeit mit dem zivilen Nachrichtendienst / Überwachung terroristischer Risiken.

Cyber-Kapazität

- Cybersicherheit ist eine Priorität, die unter zivilem Primat ausreichend entsprechend gut ausgebildete Fachleute erfordert – für den Cyberschutz der Bevölkerung, der Unternehmen und der kritischen Infrastrukturen und um die Resilienz und Widerstandsfähigkeit der Bürgerinnen und Bürger, der Gesellschaft und der Behörden des Landes zu erhöhen.

- Es kommt nicht in Frage, dass sich diese Kapazität allein auf das vorbereitet, was man als Cyberkrieg und Cyberverteidigung bezeichnet. Vielmehr geht es um eine umfassende Cybersicherheit namentlich auch im Alltag und in der zivilen Gesellschaft.

Genie- und Rettungstruppen

- Bereitstellung vielfältiger Ausrüstungen, die im Katastrophenfall ein rasches und wirksames Eingreifen ermöglichen, subsidiär auf Ersuchen der Zivilbehörden für Rettung, Hilfe, Schutz und der Fähigkeit zur Räumung oder Ersatz von Infrastrukturen wie Brücken und der notfallmässigen Stromversorgung falls erforderlich.

Unterstützungs- und Logistiktruppen einschliesslich Sanität

Friedensförderungs-Truppen zur Teilnahme an UN- oder EU-Missionen im Ausland

- 500 Armeeangehörige, die für Auslandeinsätze mit UNO- oder EU-Mandat in multilateralen Missionen zur Friedensförderung ausgebildet und ausgerüstet sind – nicht um zu kämpfen, sondern im Gegenteil um Gewalt zu verhüten und Spannungen abzubauen.

- Friedensförderungs-Truppen sind ein strukturbildendes Element der Armee und den anderen Truppengattungen rechtlich gleichgestellt.

- Ein immer grösserer Teil solcher Friedenskontingente setzt sich heute nicht mehr aus Soldaten, sondern aus Polizei-, Grenz- und anderen zivilen Fachleuten zusammen, um den Sicherheitssektor in den betroffenen Ländern zu reformieren sowie demokratisch kontrollierte Polizeikräfte und Justizbehörden auszubilden und zu unterstützen. Aufbau und Durchsetzung eines funktionierenden Rechtsstaates ist prioritär, um in Nachkonfliktregionen einen Demokratisierungs- und Entwicklungsprozess einzuleiten. Da solche Fachkenntnisse und Erfahrungen in den Polizeikorps, der Militärpolizei und der Zollverwaltung nicht breit verfügbar und abkömmlich sind, braucht die Schweiz ein Kompetenz- und Ausbildungszentrum, das die Personaldecke für solche Einsätze vergrössert.

- Um über effiziente logistische Mittel zu verfügen, sollte der Bund für seine friedensfördernden Auslandeinsätze und für die internationale Hilfe und Katastrophenhilfe über ein Transportflugzeug verfügen.

7.2.1 Mit welchem Bestand?

Die verschiedenen erwähnten Aufgaben erfordern eine gegenüber heute personell gestraffte Armee von 60 000 Soldaten, die in der Regel eine Rekrutenschule und sechs dreiwöchige Wiederholungskurse besuchen (für Spezialtruppen mehr). Nach deren Beendigung werden alle einer Reserve von 30 000 Reservisten zugeteilt, die noch bis zum Alter von 32 Jahren mobilisiert werden könnten. Bei Bedarf könnte diese Reserve für Aufgaben im Hintergrund eingesetzt werden wie die Überwachung kritischer Infrastrukturen oder anderer sensibler Objekte.

Hebt die Armee jährlich 10 000 bis 12 000 Rekruten aus, ist ihr Bedarf gesichert. Der Zivildienst und Zivilschutz würden in dieser Reorganisation keine wesentliche Änderung erfahren und ihre Hilfs-, Unterstützungs- und Schutzaufgaben im Dienste der Bevölkerung fortsetzen. **So hätte der Druck auf den Zivildienst definitiv keine Grundlage mehr; dessen Erfolg und Nutzen ist längst erwiesen und der Vorwurf falsch, der Zivildienst konkurrenziere den traditionellen Militärdienst.**

7.2.2 Mit welchem Budget?

Die Reduktion des Armeebestandes und eine der Bedrohungslage angepasste Verteilung der Ressourcen setzen erhebliche Mittel frei, um die kantonalen Polizeikorps mit Ausgleichsmassnahmen des Bundes deutlich zu vergrössern, das Grenzwachtkorps zu verstärken und die militärische Friedensförderung und Entwicklungshilfe substantiell auszubauen.

Das bisherige Jahresbudget von 5 Milliarden Franken könnte wie folgt aufgeteilt werden:

- **Armee auf Schweizer Territorium:** 4 Milliarden Franken.

- **Polizei und Grenzwachtkorps:** 500 Millionen Franken aus der Bundeskasse für die Einstellung von über 3000 neuen Fachkräften, hauptsächlich Polizisten und Polizistinnen in den kantonalen Korps.

- **Militärische und zivile Friedensförderung im Ausland und mehr Unterstützung der Genfer Friedenszentren:** 500 Millionen Franken.

Ein entsprechend neu aufgeteiltes Jahresbudget von 5 Milliarden Franken würde gegenüber dem bundesrätlichen Legislaturfinanzplan bis 2023 Mittel in der Höhe von 1,5 Milliarden Franken jährlich freisetzen, sieht dieser doch eine Erhöhung der Ausgaben für die Landesverteidigung auf 6.5 Milliarden Franken jährlich vor. Damit könnten bis 2023 ziemlich genau die **Mittel für die Entwicklungszusammenarbeit auf 0,7% des Bruttonationaleinkommens (BNE) erhöht werden**. Nach aktueller Beschlusslage wird in den kommenden vier Jahren nicht einmal das vom Parlament festgelegte Ziel von 0,5% des BNE erreicht. Dies macht bezogen auf die bei der OECD anrechenbaren Aufwendungen rund 3,5 Milliarden Franken pro Jahr aus, in denen freilich sachfremde Kosten wie jene für die Betreuung von Asylsuchenden im ersten Aufenthaltsjahr in der Schweiz mitgerechnet werden. Bei der schrittweisen Verwirklichung der hier vorgeschlagenen Armee könnte der Bundesrat seine international seit Jahren versprochene Erhöhung der öffentlichen Entwicklungshilfe auf 0,7% BNE problemlos finanzieren. Dies wäre auch aus friedens- und sicherheitspolitischer Perspektive von grundlegender Bedeutung.

Dieser Vorschlag für die Verteilung der vorhandenen Ressourcen würde folglich der gleichen Summe entsprechen wie jener, welche der Bundesrat in seinem Legislaturfinanzplan vorschlägt – aber weit besser an die **plausiblen mittel- und langfristigen Risiken angepasst und damit eine weit wirksamere Investition in unsere Sicherheit, als sie der Bundesrat heute vorsieht**. Wir würden in dem Fall über folgende Mittel verfügen:

- **Eine militärische Fähigkeit zum Schutz der menschlichen Sicherheit und der Demokratie**, welche der Tatsache Rechnung trägt, dass die Schweiz von befreundeten Ländern umgeben ist, mitten in einem friedlichen und geeinten Kontinent unter dem Schutzschild der NATO.

- **Schutz des Luftraums** mit einer ständig verfügbaren **Luftpolizei** und einer gegenüber heute deutlich wirksameren Boden-Luft-Kapazität auch zum Schutz vor neuartigen Risiken durch Drohnen und Lenkwaffen.

- **Die Fähigkeit zu einem umfassenden Bevölkerungsschutz** in Katastrophen- und Notlagen.

- **Eine wesentliche Verstärkung der Polizei- und Grenzwachtkorps**, die angesichts neuartiger Risiken wie Cyber und Terrorismus stark gefordert sind, die Polizei ebenso in Bezug auf die Herausforderungen der alltäglichen öffentlichen Sicherheit wie häuslicher Gewalt sowie die Folgen der «24-Stunden-Gesellschaft».

- **Ein deutlicher Ausbau unseres internationalen Engagements für Frieden, Sicherheit und gute Regierungsführung in der Welt**, sowohl durch zusätzliche Mittel für die militärische Friedensförderung als insbesondere auch für mehr humanitäre und Entwicklungshilfe.

Alt-Bundesrat Didier Burkhalter schloss seine Rede zum Welttag der Humanitären Hilfe vom 19. August 2017 wie folgt: «**Der humanitäre Bedarf ist heute enorm. Um den komplexen Herausforderungen und den oft lange andauernden Konflikten gerecht zu werden, braucht es nicht allein humanitäre Hilfe, sondern eine aufeinander abgestimmte umfassende Entwicklungszusammenarbeit, Friedensförderung, Migrationspolitik und multilaterale Zusammenarbeit.**»

Eine solche Neuorganisation der Armee würde die kürzlich vom Parlament mit der Armeebotschaft 2020 gutgeheissene massive Erhöhung der Militärausgaben überflüssig machen. Es sind rasch enorme Einsparungen möglich, wenn die Armee verkleinert und auf besonders umstrittene Beschaffungen wie neue hochmoderne Luxus-Kampfflugzeuge für 6 Milliarden Franken sowie den Erhalt einer grossen Zahl von Schützenpanzern verzichtet wird. **Eine Armee für 4 Milliarden plus 1 Milliarde für mehr militärische Friedensförderung und mehr Polizei würde uns jährlich 5 Milliarden Franken für die Sicherheit kosten, was etwa 0,7% unseres BIP entspricht – und ausreichend Mittel freisetzen, um unser Engagement für internationale Zusammenarbeit zur Verwirklichung der Ziele der UNO-Agenda 2030 auf 0,7% BNE zu erhöhen.**

Noch ein Wort zum Anteil der Schweizer Verteidigungsausgaben am BIP von 0,7%: Dieser Anteil betrifft allein die budgetären Ausgaben des Bundes, nicht aber jene der Kantone und noch weniger die aufgrund des Milizsystems erheblichen versteckten volkswirtschaftlichen Kosten. Dies schafft Verzerrungen gegenüber jenen Streitkräften, die ihre Soldaten vollumfänglich entlohnen und deren Altersrenten bezahlen. Die in der NATO oft erwähnte Referenzgrösse eines 2%-Anteils am BIP für die Verteidigung ist auch deshalb fragwürdig, weil der Wert von Staat zu Staat sehr unterschiedlich sein kann, je nach dem Stand der wirtschaftlichen Entwicklung und dem Zustand seiner Wirtschaft. Was am Ende zählt, ist der verfügbare Betrag in Bezug auf die tatsächlichen Risiken. In Anhang 1 finden sich zu diesem Thema einige Überlegungen und Vergleiche.

Dieses Konzept schlägt vor:
- **Bessere Berücksichtigung plausibler Sicherheitsrisiken**
- **Bessere Nutzung der finanziellen und personellen Ressourcen**
- **Zusätzliche Mittel für Sicherheitskräfte vor Ort**
- **Mehr Mittel zur Förderung von Frieden und die Stärkung der Menschenrechte in der Welt.** In den Worten des ehemaligen Diplomaten Philippe Moreau Defarges: «Die Menschen eigneten sich den Planeten wie keine andere Spezies an... Alles hat aber seinen Preis. Das Erdenhaus ist auch ein Gefängnis, dem die Menschen nicht entrinnen können. Es gilt, Frieden zu schaffen, damit der blaue Planet nicht zur Hölle wird... Die Menschheit ist zum Frieden verdammt...»[44]

Möge die Botschaft dieses Buches dazu beitragen, ein umfassendes Konzept der Verteidigungs- und Sicherheitspolitik unseres Landes zu entwickeln. Was aber letztlich zählt, ist der Aufbau von Frieden, einer gerechteren und nachhaltigeren Welt und die Bewahrung unseres gemeinsamen Hauses, der Erde.

---

[44] MOREAU DEFARGES, Philippe : *Une histoire mondiale de la paix.* Odile Jacob, Paris, 2020.

Anhang

8.1 Anhang 1: Verteidigungshaushalte 2019

USA	732 Milliarden US-Dollar
Europäische NATO-Staaten	281 Milliarden US-Dollar
China	261 Milliarden US-Dollar
Russland	65 Milliarden US-Dollar

Die Zahlen in diesem Anhang stammen aus *SIPRI, Trends in World Military Expenditure, 2016, 2018 und 2019*. Das Stockholmer internationale Friedensforschungsinstitut SIPRI wurde 1966 gegründet und ist ein unabhängiges, für seine Forschungen über Militärausgaben, Rüstung, Rüstungskontrolle und Abrüstung weltweit anerkanntes Institut.

Die Gesamtausgaben der NATO-Mitgliedstaaten (USA, Kanada – 22,2 Milliarden US-Dollar – und europäische NATO-Mitglieder) beliefen sich im Jahr 2019 auf 1035 Milliarden US-Dollar; das bedeutet einen kräftigen Anstieg gegenüber 884 Milliarden US-Dollar im Jahr 2016 um mehr als 150 Milliarden Dollar. Zu dieser Steigerung trugen die USA mit plus 121 Milliarden Dollar am meisten bei und die europäischen Länder deutlich weniger (plus 28 Milliarden Dollar). Unter den europäischen NATO-Staaten tragen das Vereinigte Königreich, Frankreich und Deutschland je einen Fünftel dieser Militärausgaben, die nächsten drei – Italien, Spanien und die Niederlande – zusammen einen weiteren Fünftel und das letzte Fünftel stammt von allen anderen.

Die schwierig abzuschätzenden Militärausgaben von China machten im Jahr 2016 noch 215 Milliarden Dollar aus und stiegen bis 2019 kräftig auf 261 Milliarden Dollar.

Aufgrund seiner grossen wirtschaftlichen Probleme konnte Russland demgegenüber sein Niveau nicht einmal halten. Das mag erstaunen, hat doch Russland in diesem Zeitraum sein Engagement in Syrien, Libyen und weiteren Kriegsschauplätzen der Welt ausgebaut. Gab Russland 2016 noch 69,2 Milliarden aus, so waren es 2019 noch 65 Milliarden Dollar.

Immer wieder wird behauptet, Russland rüste «angeblich» massiv auf. Diese Zahlen widersprechen diesem Gefühl. Wirtschaft und Finanzen sind seit der Annexion der Krim und wegen des Verfalls der Rohstoffpreise stark von den Folgen der internationalen Sanktionen betroffen.

2019 entsprachen die Militärausgaben der NATO-Staaten damit dem Vierfachen jener von China und dem 16-fachen jener Russlands.

BIP: ein fragwürdiger Indikator

Aufgrund der hohen Variabilität des BIP in den verschiedenen Staaten ist das BIP als Grundlage für einen Vergleich zwischen den Militärhaushalten ein wenig zuverlässiger Faktor. Aussagekräftiger sind die jährlichen Pro-Kopf-Militärausgaben eines Landes. Dieser Indikator spiegelt die finanzielle Leistungsfähigkeit eines Staates allgemein und in Bezug auf seine Möglichkeit, auf dem Weltmarkt Rüstungsgüter zu erwerben. Der Vergleich der Militärausgaben verschiedener Länder ist ohnehin eine heikle Übung, da nicht alle Staaten dieselben Daten in derselben Rubrik erfassen. In NATO-Ländern sind beispielsweise die Renten ehemaliger Armeeangehöriger ein Teil der offiziell ausgewiesenen Militärausgaben, während dies in der Schweiz nicht der Fall ist. In der Schweiz gilt sogar der Erwerbsersatz, den Wehrpflichtige für ihren Lohnausfall erhalten, als Sozialversicherungsausgabe und ist damit statistisch gesehen kein Teil des Schweizer Verteidigungshaushalts. Der Vergleich wird zusätzlich dadurch verzerrt, dass Wehrpflichtarmeen international gesehen selten geworden sind und die meisten Staaten die Lohnkosten ihrer Soldaten und deren Altersvorsorge in den Militärhaushalt internalisiert haben.

Nimmt man für die Schweiz allein das BIP als Indikator, so könnte leicht der Eindruck entstehen, sie gebe für das Militär eher wenig aus. 2019 verfügte die militärische Landesverteidigung über ein Budget von **5 148 Millionen Franken, das sind – wie schon per 2018 – 0,73% des BIP und 599 US-Dollar pro Kopf und Jahr.**

Bei näherem Hinsehen zeigt sich aber rasch, dass unser Militärbudget durchaus jenem vergleichbarer Länder entspricht (alle folgenden Zahlen per 2018 gestützt auf SIPRI und Pascal BONIFACE[45]):

Bevor wir uns auf Europa konzentrieren, sehen wir uns die Zahlen der Grossmächte an: Die USA (706 Milliarden Haushalte, 3,64% des BIP, 2144 Dollar pro Einwohner und Jahr) liegen weit vor China (168 Milliarden, 1,41%, 120 Dollar) und Russland (63,1 Milliarden, 3,99%, 444 Dollar).

In Europa verfügen zwei Staaten, beides NATO-Mitglieder, über eine echte militärische Interventionsfähigkeit und über Atomwaffen (darunter U-Boote mit ballistischen Atomraketen): das Vereinigte Königreich (59 Mrd. Dollar, 2,24%, 906 Dollar) und Frankreich (50,7 Mrd. Dollar, 1,96%, 752 Dollar). Zusätzlich zu umfangreichen Land- und Luftstreitkräften verfügen diese Länder über Seestreitkräfte (Frankreich: 1 Flugzeugträger, 6 U-Boote, 12 Zerstörer; Vereinigtes Königreich: 6 U-Boote, 6 Zerstörer). Es überrascht daher nicht, dass ihre Ausgaben im Militärbereich erheblich sind und jene anderer europäischer Länder übersteigen.

Sprechen wir nun über die anderen europäischen Staaten und konzentrieren wir uns auf drei Ländergruppen, um so unsere Überlegungen zu den Militärausgaben der Schweiz zu vertiefen:

---

[45] BONIFACE, Pascal: *L'Année Stratégique 2020, Analyse des enjeux internationaux.* Paris, Armand Colin, 2019.

A) **Neutrale Staaten**, B) **wohlhabende Länder** wie die Schweiz und C) **Staaten mit begrenzten finanziellen Möglichkeiten**:

A) Die neutralen Länder in Europa: Neben der Schweiz sind dies Schweden, Finnland, Österreich und Irland. Diese Länder sind daher keine Mitglieder der NATO. Schweden (6,22 Mrd. Dollar, 1,16%, 619 Dollar) und vor allem Finnland (3,41 Mrd. Dollar, 1,36%, 615 Dollar) haben aufgrund ihrer Nähe zu Russland eine besondere geostrategische Lage. Die finnische Armee weist mit der allgemeinen Wehrpflicht eine gewisse Ähnlichkeit mit unserer Armee auf. Auch Finnland verfügt über eine Massenarmee mit 21 500 aktiven Soldaten und 200 000 ausgebildeten Reservisten bei einer Gesamtbevölkerung von 5,5 Millionen Einwohnern. Finnland lebt seit dem Zweiten Weltkrieg in Erinnerung und Furcht vor expansionistischen Bestrebungen seines grossen Nachbarn. Die beiden anderen skandinavischen Staaten wenden finanziell für die Armee pro Kopf demgegenüber ungefähr gleich viel auf wie die Schweiz (4,97 Mrd. Dollar, 0,73% des BIP, 599 Dollar pro Kopf und Jahr).

Österreich hat zwar seine Militärausgaben kräftig von 2 auf über 3 Milliarden Dollar angehoben (3,38 Mrd. Dollar, 0,81%, 384 Dollar). Es kann aber – gleich wie Irland (1,12 Mrd. Dollar, 0,34%, 221 Dollar) – mit der Schweiz bei weitem nicht konkurrieren.

B) In der Gruppe der wohlhabenden Länder sind alle NATO-Mitglieder. Mit Ausnahme Norwegens, das beträchtliche Summen in seine Verteidigung investiert und über eine Marine mit 6 U-Booten und 4 Zerstörern (7,1 Mrd. Dollar, 1,78%, 1323 Dollar) verfügt, liegen die Militärausgaben der übrigen Länder dieser Gruppe in Bezug auf die Pro-Kopf-Ausgaben im Rahmen unseres Landes: Dänemark (4,25 Mrd. Dollar, 1,31%, 731 Dollar), die Niederlande (12,7 Milliarden, 1,53%, 740 Mrd. Dollar), Deutschland (49,7 Mrd. Dollar, 1,34%, 617 Dollar), Belgien (4,98 Mrd. Dollar, 1,01%, 430 Dollar).

C) **In der Gruppe der Staaten mit begrenzten finanziellen Möglichkeiten** hat Griechenland trotz schrumpfendem BIP hohe Militärausgaben aufrechterhalten, so dass die Pro-Kopf-Ausgaben eindrücklich hohe Werte erreichen (4,9 Mrd. Dollar, 2,44%, 455 Dollar). Das Land verfügt aufgrund seines historisch belasteten Konflikts mit dem türkischen Erbfeind und seiner geostrategischen Lage vor den Toren Asiens über eine beträchtliche Rüstung: 1320 Kampfpanzer, 230 Kampfflugzeuge, eine Seestreitkraft bestehend aus 11 U-Booten und 13 Fregatten. Die Expertengruppe des VBS bezweifelt in ihrem Bericht *Luftverteidigung der Zukunft* freilich die Fähigkeit Griechenlands, diese bedeutende Flotte von Kampfflugzeugen angesichts der schwierigen Lage des Staatshaushaltes erneuern zu können.

Der hohe BIP-Anteil Polens (10,9 Mrd. Dollar, 2,08%, 283 Dollar) für seine Verteidigung lässt sich durch seine Nähe zu Russland und den geopolitischen Kontext erklären. Von den übrigen Ländern des ehemaligen Warschauer Paktes und der baltischen Staaten, die alle wie Polen NATO-Mitglieder sind, investieren nur Litauen (1,04 Mrd. Dollar, 2,2%, 372 Dollar), Lettland (0,68 Mrd. Dollar, 2,26%, 355 Dollar) und Estland (0,624 Mrd. Dollar, 2,4%, 501 Dollar) ebenfalls viel in ihre Verteidigung. Auch dies erklärt sich aus deren jüngster Vergangenheit und Nähe zu Russland. Alle anderen Staaten dieser Gruppe hinken – wohl aus finanziellen Gründen – hinterher: die Tschechische Republik (2,74 Mrd. Dollar, 1,27%, 256 Dollar), die Slowakei (1,29 Mrd. Dollar, 1,34%, 236 Dollar), Bulgarien (0,99 Mrd. Dollar, 1,74%, 140 Dollar), Ungarn (1,7 Mrd. Dollar, 1,22%, 173 Dollar) und Rumänien (4,63 Mrd. Dollar, 2,18%, 215 Dollar). Weitere Länder sind Italien (25,1 Mrd. Dollar, 1,29%, 403 Dollar), Spanien (13,5 Mrd. Dollar, 1,04%, 273 Dollar) und Portugal (3,24 Mrd. Dollar, 1,49%, 312 Dollar).

Zusammengefasst fällt also der Aufwand der europäischen Länder für ihre jeweilige Verteidigung sehr unterschiedlich aus. Auf jeden Fall lässt sich sagen, dass der BIP-Anteil für die Verteidigung kein zuverlässiger Indikator ist, denn er hängt von der wirtschaftlichen und geopolitischen Lage des Landes ab, und dass **die Schweiz trotz eines von einigen als zu tief empfundenen BIP-Anteils für die Verteidigung den Vergleich mit vielen europäischen Ländern nicht zu scheuen braucht, namentlich wenn man die Militärausgaben im Verhältnis zur Einwohnerzahl betrachtet. Im Vergleich mit den neutralen Staaten kann die Schweiz selbst mit Schweden und sogar Finnland mithalten, deren Lage sehr viel exponierter ist als jene der Schweiz.**

8.2 Anhang 2: Beschaffung neuer Kampfflugzeuge

In seiner **Botschaft vom 26. Juni 2019 zu einem Planungsbeschluss über die Beschaffung neuer Kampfflugzeuge** beginnt der Bundesrat seine Argumentation wie folgt: «Die Armee benötigt zum Schutz und zur Verteidigung des Luftraums sowie zur Unterstützung der Bodentruppen Kampfflugzeuge und Systeme der bodengestützten Luftverteidigung. Die gegenwärtig eingesetzten Kampfflugzeuge müssen um das Jahr 2030 herum ausser Dienst gestellt werden. Der Bundesrat beantragt einen Planungsbeschluss des Parlaments für die Beschaffung neuer Kampfflugzeuge mit einem Finanzvolumen von höchstens 6 Milliarden Franken.»

Dies bildet eine weitere Episode in der langen Geschichte der Beschaffung von Kampfflugzeugen durch die Schweiz. Die vorherige Episode endete am 18. Mai 2014 mit der Ablehnung des Kaufs von 22 Gripen E/F vom schwedischen Hersteller SAAB für etwas mehr als drei Milliarden Franken in der Volksabstimmung: 1 542 761 NEIN (53,4%) standen 1 345 726 JA (46,6%) gegenüber. Die gesamte französische und lateinische Schweiz sowie die Kantone Zürich, Bern, Basel-Stadt, Baselland und Schaffhausen lehnten die Vorlage ab. Der Gripen hätte die F-5-Tiger ersetzen und die damaligen 33 F/A-18 C/D Hornet ergänzen sollen.

Heute verfügt unsere Luftwaffe über 30 Flugzeuge des Typs F/A-18 C/D Hornet, dessen Lebensdauer gegenwärtig von 5000 auf 6000 Stunden verlängert wird (während der Gripen-Kampagne hatte der Bundesrat darauf bestanden, dass diese Flugzeuge bei 5000 Flugstunden verschrottet werden), sowie über 26 Flugzeuge des Typs F-5 Tiger, Diese werden vor allem für luftpolizeiliche Einsätze bei Tag und guter Sicht, als Ziele oder Angreifer bei Übungen, bei Flugschauen in der *Patrouille Suisse* oder bei Einsätzen zur Messung der Radioaktivität in der Umgebung eingesetzt.

Der Bundesrat hält daran fest, dass unser Land seinen Luftraum nicht mehr schützen und verteidigen kann, wenn wir nicht unverzüglich, spätestens bis 2030, neue Kampfflugzeuge beschaffen. Gleichzeitig gibt es Pläne zur Beschaffung eines bodengestützten Verteidigungssystems auf grosse Distanzen.

Der Bundesrat betont in seinen Überlegungen die Verschlechterung der Sicherheitslage in Europa und über die Grenzen unseres Kontinents hinaus. Die Beziehungen zwischen den Europäern und ihren politischen und militärischen Organisationen (Europäische Union und NATO) auf der einen Seite und den Russen auf der anderen Seite seien angespannt, insbesondere im Zusammenhang mit dem Konflikt in der Ukraine und dem Wunsch Russlands aufzurüsten. Der Bundesrat anerkennt, dass die NATO im Falle eines traditionellen bewaffneten Konflikts die militärischen Fähigkeiten Russlands bei weitem übertreffen würde, besteht jedoch darauf, dass die NATO heute geschwächt sei und die russischen Angriffsmittel, wie sie in der Ukraine im Rahmen einer hybriden Kriegführungstechnik eingesetzt wurden, einfache buchhalterische Vergleiche zwischen den konventionellen Streitkräften der beiden Parteien weniger relevant machen würden.

Die der Schweiz heute zur Verfügung stehenden Mittel zum Schutz des Luftraums, sowohl in Bezug auf die Kampfflugzeuge als auch der Boden-Luft-Systeme, seien entweder veraltet oder würden in wenigen Jahren veraltet sein. Darüber hinaus seien Lücken in der Boden-Luft-Verteidigung mit grosser Reichweite erkannt worden, und die Boden-Luft-Verteidigungsmittel mit kurzer Reichweite würden ihre Nutzungsgrenze erreichen (35-mm-Fliegerabwehrgeschütze und Stinger-Lenkwaffen).

Weil die Ressourcen knapp seien, würden jetzt Prioritäten gesetzt. Neben der Beschaffung neuer Kampfflugzeuge für bis zu 6 Milliarden Franken – bei diesen will der Bundesrat allein und erst später über Typ und Anzahl entscheiden –, ist die parallele Beschaffung eines Boden-Luftverteidigungssystems grosser Reichweite im Wert von 2 Milliarden Franken geplant – insgesamt acht Milliarden Franken für den Schutz des Luftraums. Darin ist die Erneuerung der Luftverteidigungssysteme mit kurzer und mittlerer Reichweite nicht enthalten. Dafür würden nur begrenzte Ressourcen bereitgestellt. Soweit das Konzept des Bundesrates.

Im Sommer 2019 führte die Schweizer Luftwaffe Evaluationstests mit den vom Bundesrat ausgewählten Flugzeug-Typen durch. Kurzfristig schloss die Armasuisse davon den Gripen E/F mit dem Argument wieder aus, dessen Entwicklung sei noch nicht abgeschlossen (nachdem die gleiche Armasuisse 2011 das gleiche Flugzeug noch als «beschaffungsreif» bezeichnet hatte...). Zur Einreichung von Offerten sind eingeladen:

- Eurofighter von Airbus, einem europäischen Konsortium um Deutschland, Spanien, Italien und Vereinigtes Königreich

- F/A-18 E/F Super Hornet von Boeing, USA

- F-35 Mehrzweck-Tarnkappen-Jet von Lockheed-Martin, USA

- Rafale von Dassault, Frankreich

Die Bundesversammlung stimmte am 20. Dezember 2019 mehrheitlich folgendem **Bundesbeschluss** zu:

Artikel 1

1) Der Bundesrat wird beauftragt, die Mittel zum Schutz des Luftraums mit der Beschaffung neuer Kampfflugzeuge zu erneuern.

2) Die Einführung der neuen Kampfflugzeuge soll bis Ende 2030 abgeschlossen sein.

Artikel 2

1) Bei der Beschaffung neuer Kampfflugzeuge sind folgende Eckwerte einzuhalten:

a) Das Finanzierungsvolumen beträgt höchstens 6 Milliarden Franken (Stand Landesindex der Konsumentenpreise Januar 2018).

b) Ausländische Unternehmen, die im Rahmen der Beschaffung Aufträge erhalten, müssen 60% des Vertragswertes durch die Vergabe von Aufträgen in der Schweiz (Offsets) kompensieren, nämlich 20% durch direkte Offsets und 40% durch indirekte Offsets im Bereich der sicherheitsrelevanten Technologie- und Industriebasis (…).

c) Der Bundesrat stellt bei den Kompensationsgeschäften sicher, dass folgender Verteilschlüssel zwischen den Regionen so weit als möglich eingehalten wird: 65% entfallen auf die Deutschschweiz, 30% auf die Westschweiz und 5% auf die italienischsprachige Schweiz.

2) Die Beschaffung wird der Bundesversammlung in einem Rüstungsprogramm beantragt.

Artikel 3

Die Beschaffung neuer Kampfflugzeuge wird mit der parallel laufenden Beschaffung eines Systems der bodengestützten Luftverteidigung grösserer Reichweite zeitlich und technisch koordiniert.

Artikel 4

Dieser Beschluss untersteht dem fakultativen Referendum.

Die Sozialdemokratische Partei lehnte diesen Beschluss ab und ergriff zusammen mit anderen Organisationen und politischen Parteien das Referendum, damit dieser Entscheid über eine höchst fragwürdige Beschaffung der **Volksabstimmung** vorgelegt wird. Die Referendumskampagne bietet Gelegenheit zu einer vertieften Debatte über die Zukunft der Verteidigung unseres Landes insgesamt und über die geeignetsten Mittel zur Bewältigung der sicherheitspolitischen Herausforderungen.

Im Folgenden wird die Position der Sozialdemokratischen Partei der Schweiz zur Frage neuer Kampfflugzeuge geklärt, wie sie ein Positionspapier aus dem Jahr 2017 zusammenfasst und eine von Fachleuten auf diesem Gebiet durchgeführte Studie über das Beschaffungsprojekt des Bundesrates (Acamar-Studie) näher ausführt.

144

«NEIN zu neuen Kampfjets, JA zur verlängerten Nutzung der bestehenden Flotte»

So lautet der Titel des Konzeptpapiers zum Schutz des Schweizer Luftraums, das die Delegiertenversammlung der Sozialdemokratischen Partei der Schweiz am 14. Oktober 2017 in Olten verabschiedet hat.

Bereits 2016 führten die Diskussionen in der Partei zur Schlussfolgerung, dass die Beschaffung einer grossen Flotte neuer Kampfflugzeuge angesichts der geostrategischen Lage unseres Landes, der plausiblen mittel- und langfristigen Bedrohung und der realen Bedürfnisse zum Schutz unseres Luftraums sinnlos ist. Die SP anerkennt die Notwendigkeit, über angemessene Mittel zur Überwachung des Luftraums und ein effizientes bodengestütztes Luftverteidigungssystem – eine Art Versicherung gegen jeden möglichen Angriff – zu verfügen. Dies ist mit anderen Mitteln aber deutlich kostengünstiger und deutlich wirksamer zu haben als mit möglichst schweren und möglichst komplexen neuen Kampfflugzeugen, die zudem vorab für Angriffsoperationen konzipiert sind. Die nachfolgend erwähnten Dokumente sind alle auf der SP-Website verfügbar.

Die Hauptpunkte des Konzepts lassen sich wie folgt zusammenfassen:

1) Die SP setzt sich für die Sicherheit im Schweizer Luftraum ein

Sie plädiert jedoch für eine angemessene Verteilung der Ressourcen zugunsten der alltäglichen Sicherheit des Luftraums, die in Friedenszeiten Priorität hat, und lehnt übertriebene Investitionen für Szenarien mit geringer Eintrittswahrscheinlichkeit ab.

2) Fünf Massnahmen zur Stärkung der alltäglichen Sicherheit im Luftraum

2.1 Verbesserung der Früherkennung mit unseren Nachbarn.

2.2 Ausbau der Zusammenarbeit mit der Luftwaffe unserer Nachbarstaaten in der Ausbildung und in gemeinsam zu schützenden Räumen.

2.3   Die Schweizer Luftwaffe soll mit Helikoptern und weiteren Mitteln zum Erfolg von Friedensmissionen mit UNO- oder EU-Mandat und mit Zustimmung der Konfliktparteien beitragen.

2.4   Mehr Schutz vor neuen Gefahren, die von Drohnen, Marschflugkörpern und Raketen ausgehen, namentlich mit bodengestützten Systemen.

2.5   Angemessener Schutz vor terroristischen Gefährdungen des Schweizer Luftraums, die zum Beispiel von schultergestützten Boden-Luft-Raketen des Typs Stinger und anderen Lenkwaffen ausgehen könnten.

2.6   Die vorhandenen Kampfflugzeuge schonen und weiterverwenden. Die Nutzungsdauer unserer F/A-18 Hornet-Flugzeuge kann markant verlängert werden, indem auf unnötige Übungen für den grossen Luftwaffenkrieg verzichtet wird.

3) Robuste Luftpolizei für plausible Szenarien

3.1   Wirksamer Schutz vor isolierten Angriffen.

3.2   Beitrag zu den gemeinsamen Anstrengungen unserer Nachbarstaaten und befreundeten Länder im Falle einer ernsthaften Bedrohung des europäischen Luftraums.

3.3   «Wir allein gegen den Rest der Welt» ist eine Illusion. Die SP wendet sich gegen eine Vision, die unabhängig von jeder Wahrscheinlichkeit allein vom Schlimmstmöglichen ausgeht und sich vorstellt, dass die Schweiz eines Tages allein gegen alle kämpfen müsste oder von einem ihrer Nachbarn angegriffen würde. **«Ein geballter Angriff durch mehrere Staffeln feindlicher Kampfflugzeuge isoliert gegen die Schweiz hätte zur Voraussetzung, dass die Nato besiegt ist, alle Länder rings um die Schweiz am Boden liegen und nur die tapfere Schweiz allein auf sich gestellt dem Aggressor noch entgegentritt.»**

3.4   Verzicht auf den wenig plausiblen Luft-Boden-Kampf, d.h. die Wiedereinführung der Fähigkeit, Luftangriffe gegen Bodenziele durchzuführen. Es ist viel zu risikoreich, dass unsere Luftwaffe Ziele in der Schweiz beschiesst oder gar bombardiert und noch viel risikoreicher, solche Operationen ausserhalb der Schweiz zu planen oder anzudrohen.

3.5 Erneuerung der bodengestützten Luftverteidigung.

4) Die Nutzungsdauer unserer bestehenden Flugzeuge verlängern und Ersatzbeschaffungen sorgfältig planen. Pleiten und Pannen wie um das Führungsinformationssystem Heer (FIS Heer) dürfen sich nicht wiederholen: Die versprochene mobile Telekommunikation kam trotz riesiger Investitionen nie zum Tragen, weil das VBS das Problem der fehlenden Bandbreite nicht vorhergesehen hatte…

4.1 Verlängerung der Nutzungsdauer der F/A-18C/D Hornet deutlich über 2030 hinaus. In der Kampagne zur Gripen-Beschaffung hatte der Bundesrat behauptet, die maximale Betriebsdauer der F/A-18 sei auf 5000 Flugstunden begrenzt. 2017 genehmigte das Parlament auf Antrag des Bundesrates ein Paket von 450 Millionen Franken für die Modernisierung der F/A-18C/D Hornet, das eine Zertifizierung bis zu 6000 Stunden ermöglicht. In anderen Ländern wird der Hornet 9000 Stunden genutzt…

4.2 Die F-5 Tiger in der Luft behalten, die F/A-18 Hornet von vielen Aufgaben entlasten, sie so schonen und deren Nutzungsdauer verlängern.

5) Fünf Anforderungen an die Ersatzbeschaffung

5.1 Eine Volksabstimmung ist unverzichtbar.

5.2 Ein angemessenes Kampfflugzeug europäischer Herkunft.

5.3 Finanzierung aus dem ordentlichen Budget.

5.4 Keine Industriepolitik durch Rüstungsbeschaffung: Das ist sehr kostspielig und ineffizient. Offsetgeschäfte verteuern eine Beschaffung um 10% bis 20% und am Ende entscheidet doch allein der ausländische Lieferant, wem er in der Schweiz möglicherweise ein Geschäft anbietet. Das Kosten-Nutzen-Verhältnis ist schief, da machen wir uns etwas vor.

5.5 Verbesserung des Lärmschutzes.

Dieses Konzept der Delegiertenversammlung von 2017 hat die SP Geschäftsleitung in ihrer ausführlichen Stellungnahme vom 20. September 2018 zum Vernehmlassungsentwurf des Planungsbeschlusses zur Beschaffung neuer Kampfflugzeuge wesentlich erweitert und vertieft, so um den Vorschlag, leichte Kampfflugzeuge zu beschaffen.

Darüber hinaus zeigte sich, dass die Analyse von Spezialisten auf dem spezifischen Gebiet der Luftverteidigung unerlässlich ist, von Persönlichkeiten, die auf diesem Gebiet Autoritäten sind, die mit den verschiedenen Mitteln und Strategien zur Verteidigung des Luftraums vertraut sind und gestützt auf ihre langjährige Erfahrung in der Lage sind, die plausiblen Risiken einzuschätzen, welche die Schweiz mittel- und langfristig bedrohen könnten, und zu den möglichen Vor- und Nachteilen der verschiedenen Typen von Kampfflugzeugen und Boden-Luft-Verteidigungsmitteln Stellung zu nehmen. Es gibt nur wenige entsprechende Fachleute, und in der Regel stehen jene in der Schweiz in Abhängigkeit von der Luftwaffe und können sich deshalb öffentlich nicht frei äussern. Kompetente Personen zu finden, die frei von Interessenkonflikten eine begründete und objektive Meinung vertreten können, ist eine echte Herausforderung. Wir brauchten aber diesen Blick von aussen, die Analyse eines Fachmanns, eine Sichtweise, die weder selbstgefällig noch a priori parteiisch war, sowohl für unser Konzept als auch für das Projekt von Bundesrat und VBS.

Im Frühjahr 2019 gelang es der SP Fraktion, den Kontakt zu Acamar Ltd. herzustellen, einem unabhängigen US-Think-Tank für strategische Fragen der Luftverteidigung. Ihr Gründer und Geschäftsführer, Michael Unbehauen, ist Autor einer für die SP Fraktion erarbeiteten umfassenden Studie. Er hat viele Jahre als Luftabwehroffizier der US Army gedient und war u.a. in den USA, Deutschland, Polen, Israel, Kuwait und Katar eingesetzt. Er kennt damit heutige Kriegsschauplätze aus eigener Erfahrung.

Nachstehend findet sich eine Zusammenfassung der von Acamar durchgeführten Analyse der Bedürfnisse der Schweiz zum Schutz unseres Luftraums und eine Beurteilung des Luftverteidigungskonzepts Air2030 des

Bundesrates. Diese Zusammenfassung verpflichtet allein den Autor dieses Buches. Der in deutscher Sprache erstellte, vollständige Text der Acamar-Studie ist auf der Website der Sozialdemokratischen Partei der Schweiz sowie auf der Website von Acamar verfügbar.

AIR2030plus
Analyse zur Schweizer Luftverteidigung
Acamar Analysis and Consulting, Oktober 2019

Diese im Oktober 2019 veröffentlichte Expertise analysiert die Möglichkeiten der Schweiz, die «Ressourcen der operativen Fähigkeit der Luftraumsicherheit angemessen und effizient zuzuweisen» und beschreibt und bewertet «die wesentlichen Bedrohungen für die aktuelle Sicherheit des Schweizer Luftraums sowie die potenziellen Bedrohungen der nächsten 30 Jahre». Denn «die Art und Weise der potentiellen Bedrohung beeinflusst und charakterisiert massgeblich die Funktion der zukünftigen Verteidigungsmittel als auch die Höhe der finanziellen Investition der Schweiz in die Luftraumsicherheit.»

Diese Studie untersucht alle Aspekte im Zusammenhang mit dem Schutz des Schweizer Luftraums unter besonderer Berücksichtigung der geopolitischen Lage der Schweiz und des internationalen Kontextes und analysiert die realen und plausiblen Risiken, denen das Land ausgesetzt sein könnte. Auf der Grundlage dieser Risikoanalyse definiert die Studie die Rüstungsoptionen, die dem Land die optimale Sicherheit bieten, wobei auch der Kosten-Nutzen-Aspekt der notwendigen Investitionen berücksichtigt wird.

Die Überwachung, Sicherheit und mögliche Verteidigung seines Luftraums stellen für jeden Staat eine hoheitliche Aufgabe dar und ist Ausdruck seiner Souveränität. Bereits das Chicagoer Abkommen über die internationale Zivilluftfahrt vom 7. Dezember 1944 anerkennt, dass jeder Staat im Luftraum über seinem Hoheitsgebiet volle und ausschliessliche Lufthoheit besitzt.

Allgemeine Bedrohungen

«Die Schweiz ist in eine der stabilsten Regionen der Welt eingebettet und von einem Gürtel stabiler Demokratien umgeben, mit denen es ausgezeichnete bilaterale Beziehungen unterhält. Es besteht daher auch keine direkte oder unmittelbare militärische Bedrohung für die Schweiz.»

Aber was ist mit morgen? Die jüngsten Entwicklungen in Europa, vor allem aber in der übrigen Welt, lassen das mögliche Auftreten neuer Bedrohungen oder zumindest eine grössere Instabilität befürchten: die Entwicklung einer multipolaren Welt, der noch instabile und kriegszerrüttete Nahe Osten und die Infragestellung der Stellung Europas in der Welt. Werden wir auch in Zukunft den Grossteil der Probleme auf diplomatischem Wege lösen? Wo steht die internationale Rüstungskontrolle? Werden die Beziehungen zwischen den Staaten konfliktreicher werden? Werden sie gar bewaffnet ausgetragen werden? Führen soziale Probleme, wirtschaftliche Schwierigkeiten, Spannungen innerhalb der Gesellschaften, in denen wir leben, zu populistischen und nationalistischen Exzessen, so dass daraus erneut autoritäre und aggressive Staaten entstehen könnten?

Die Autoren weisen zudem auf die Probleme im Zusammenhang mit der Cyberwelt hin – Cyberangriffe, Informationskrieg, Falschinformationen – ebenso auf die Klimaerhitzung: Extreme Wetterereignisse nehmen zu und erschweren die Lebensbedingungen für die Menschen namentlich in den ärmsten Ländern, die globale Erwärmung führt zum Anstieg des Meeresspiegels. «Die klimabedingte Zerstörung von Lebensräumen und Existenzgrundlagen durch Naturkatastrophen wird zu einer Zunahme der internationalen, aber auch innerstaatlichen Migration und zu Spannungen und möglichen Konflikten führen.»

Eine weniger berechenbare Welt, eine weltpolitische Situation, die anfällig für sicherheitspolitische Veränderungen ist, Parameter, die bei der Ausarbeitung eines Sicherheitskonzepts für die Schweiz und insbesondere für die Sicherheit ihres Luftraums berücksichtigt werden müssen.

Mögliche Gefahren für die Sicherheit des Schweizer Luftraums

Nicht alle Bedrohungen, nicht alle Aggressionen können auf die gleiche Weise bekämpft werden. Die Fähigkeit, Angriffe aus dem Luftraum zu bekämpfen, teilen sich im Wesentlichen zwei wichtige Verteidigungsmittel: Kampfflugzeuge und bodengestützte Verteidigungssysteme. Und jedes Mittel ist unterschiedlich wirksam und angepasst, um dieser oder jener Bedrohung zu begegnen.

Deshalb ist es wichtig, vor der Wahl der Verteidigungsmittel so weit wie möglich die plausiblen Bedrohungen zu konkretisieren, die ein Land treffen könnten. Die Wunder-Mehrzweckwaffe zur Bewältigung aller Bedrohungen gibt es nicht. Schutz- und Verteidigungssysteme sind jeweils an präzise und spezifische Bedrohungen angepasst.

Die Beurteilung der potenziellen und plausiblen Risiken, die unser Land bedrohen könnten, bestimmt deshalb Art und Umfang der Rüstung, mit welcher die Schweiz ihren Luftraum schützen will.

Ballistische Raketen

In der Vergangenheit hat der INF-Vertrag über nukleare Mittelstreckensysteme das Wettrüsten zwischen den USA und der Sowjetunion in diesem Bereich gestoppt. Er schaffte auf beiden Seiten alle landgestützten Nukleararaketen mit kürzerer (500–1000 km) und mittlerer Reichweite (1000–5500 km) sowie deren Abschussvorrichtungen weltweit ab. Indem sich die USA kürzlich auf Beschluss von Donald Trump aus diesem Vertrag zurückzogen, dürfte es in den kommenden Jahren in Europa erneut zu einer zunehmenden Weiterverbreitung von Marschflugkörpern und ballistischen Lenkwaffen kommen – ein Element der Unsicherheit, das berücksichtigt werden muss.

Im Bericht der Expertengruppe *Die Zukunft der Luftverteidigung* vom Juni 2017 vertritt das VBS demgegenüber die Einschätzung, es gebe diesbezüglich für die Schweiz keine Risiken: «Ballistische Lenkwaffen mit konventionellem Gefechtskopf, die mindestens eine mittlere Reichweite aufweisen, haben aufgrund der geringen Zielgenauigkeit nur eine beschränkte militärische Wirkung; die Schweiz liegt zudem heute und in absehbarer Zukunft nicht in der Reichweite derartiger ballistischer Lenkwaffen. Aufgrund der hohen logistischen und operationellen Anforderungen ist derzeit nicht absehbar, dass auch nichtstaatliche Akteure solche Waffen benutzen.» Der Acamar-Bericht betrachtet es als ein schwerwiegendes Versäumnis des VBS, die Bedrohung durch ballistische Raketen, Lenkwaffen aller Art und Drohnen nicht zu berücksichtigen.

Denn in den letzten Jahren hat sich die Technologie in diesem Bereich dramatisch weiterentwickelt. Als der INF-Vertrag unterzeichnet wurde, war die Zielgenauigkeit ballistischer Raketen so gering, dass ein atomarer Sprengkopf erforderlich war, um einen Treffer auf ein Ziel in Tausenden von Kilometern zu garantieren. Das ist heute anders. «Durch reduzierte Kosten und wesentliche Verbesserungen auf dem Gebiet der Zielgenauigkeit haben konventionelle ballistische Lenkwaffen aller Reichweiten für viele Militärs an Attraktivität zugenommen.»

Darüber hinaus ist für die USA, Russland, China, Iran und weitere Staaten die Beschaffung und Entwicklung von Raketen, Lenkwaffen und Drohnen aller Art zu einer Priorität geworden. Nachdem Russland und China die überwältigende Überlegenheit der Luftwaffe der USA und der NATO erkannt hatten, investierten sie in erster Linie massiv in Boden-Luft-Verteidigungssysteme, um über die Mittel zu verfügen, feindlichen Flugzeugen den Zugang zu ihrem Luftraum zu verwehren. Auch die USA erklärten die Entwicklung von Langstrecken-Präzisionsraketen zu einer Priorität. Und Russland beabsichtigt, dasselbe zu tun... Dies öffnet der Verbreitung von ballistischen und Marschflugkörpern Tür und Tor. Einige osteuropäische Länder – alle NATO-Mitglieder – sind inzwischen bereit, der Stationierung konventioneller US-Raketen auf ihrem Boden zuzustimmen – aus Angst vor dem russischen Expansionismus.

Neue Akteure interessieren sich für Raketen und Lenkwaffen

Früher war es nur handverlesenen Akteuren wie den Grossmächten und einigen wenigen weiteren Staaten vorbehalten, über Lenkwaffen und ballistische Raketen zu verfügen. Heute hat sich der Kreis der Akteure mit solchen Fähigkeiten deutlich erweitert – die Türkei, Syrien unter Baschar al Assad – sowie nicht-staatliche wie die Huthi-Rebellen in Jemen.

Nicht zu vergessen die Islamische Republik Iran, die über ballistische Mittelstreckenraketen mit einer Reichweite von 3000 km verfügt und damit potenziell Österreich treffen könnte. Der Iran verfügt zudem über eigenständig entwickelte Marschflugkörper vom Typ Sumar, und seine Forscher arbeiten an einem Projekt für Interkontinentalraketen, d.h. Langstreckenraketen. All dies ist für die NATO von grosser Bedeutung. **Die zunehmende Verbreitung ballistischer Raketen bildet eine der grössten Bedrohungen für die europäische Bevölkerung.** Wenn der Iran Österreich erreichen kann, wann wird er die Schweiz, die etwa 3500 oder 4000 km vom Iran entfernt ist, treffen können?

Der Iran steht unter enormem Druck der USA, die aus dem Atomabkommen mit dem Iran ausgetreten sind und das Land mit sehr harten Wirtschaftssanktionen bestrafen. Gleichzeitig bestehen grosse Spannungen mit dem grossen sunnitischen Nachbarn und Feind, Saudi-Arabien. Dies alles spornt den Iran an, konventionell aufzurüsten und an der Idee festzuhalten, eines Tages selber über Atomwaffen zu verfügen. Das iranische Programm zur Entwicklung von Raketen aller Art stellt für die europäischen Länder einen Unsicherheitsfaktor dar, und die Schweiz ist davon nicht ausgenommen.

Zudem wird der Iran wahrscheinlich seine Verbündeten mit diesen Waffen ausrüsten, und auch das sollte uns nicht beruhigen: die libanesische Hisbollah, die Huthi-Rebellen im Jemen oder die palästinensische Hamas, ganz zu schweigen von Syrien, das auch von Russland unterstützt wird und bereits über ein grosses Raketenarsenal verfügt.

Verbreitung von Technologie und Know-how

Um Hochleistungs-Lenkwaffen zu entwickeln und herzustellen, war es lange unerlässlich, über besonders kompetente und hoch qualifizierte Fachleute zu verfügen. Diese Technologie ist jedoch im Laufe der Jahre weitgehend «demokratisiert» worden. Hinzu kommen legale und illegale Transfers von entsprechenden Fähigkeiten und Technologien. All dies erhöht die Proliferation ballistischer Raketen und von Lenkwaffen, deren Verbreitung ein beunruhigendes Mass angenommen hat.

Drohnen

Auch kleine, mittlere und grossen Drohnen beruhen auf einer sich rasch weiterverbreitenden Technologie. Sie hat das Potenzial für weitere bedeutende Fortschritte hin zu einer zukunftsträchtigen und kostengünstigen Waffe, die das Leben der eigenen Soldaten schont. Drohnen gehören deshalb zusammen mit Robotern zu jenen Waffen, die in den Kriegen der Zukunft eine grosse Rolle spielen könnten.

Viele Staaten rüsten sich heute mit kleineren und grösseren Drohnen aus, sei es zur Überwachung, Beobachtung und Zielbestimmung wie die Schweiz, oder zusätzlich mit bewaffneten unbemannten Luftfahrzeugen für gezielte, ferngesteuerte Angriffe, was in naher Zukunft weit verbreitet sein könnte. Was ist zu tun, wenn ein grosser Schwarm von mit Sprengstoff beladenen Mikro-Drohnen auf ihre Ziele – kritische Infrastrukturen, Flugplätze, Panzer usw. – zusteuert? Oder gar – ausgestattet mit künstlicher Intelligenz und Gesichtserkennungsprogrammen – ganz bestimmte Personen gezielt angreift und potenziell ausschaltet?

Darüber hinaus sind Drohnen aufgrund ihrer unschlagbar günstigen Kosten die Waffe der Schwachen gegen die Starken, eine Waffe, die für die hybride Kriegführung wie massgeschneidert ist: Eine ideale Waffe für Terroristen.

Bedrohungen für die Sicherheit der Schweiz

Für die Schweiz bedeutet die Verbreitung ballistischer Raketen in ihrem nahen und ferneren Umfeld, dass sich das Land über kurz oder lang in deren Reichweite befindet. Die Instabilität der Regionen um Europa und der Zugang nichtstaatlicher Akteure (z.B. Terroristen) zu modernster Raketen-, Lenkwaffen- und Drohnentechnologie stellen eine wachsende potenzielle Bedrohung für die Schweiz – denken wir an das internationale Genf! – dar. Israel ist heute das einzige Land im Nahen Osten, das in der Lage ist, eine Rakete auf die Schweiz abzufeuern. Diese Situation könnte sich jedoch in den nächsten Jahren durchaus ändern. Sehr bald sollten der Iran, dann andere Staaten im Nahen Osten und Nordafrika über ähnliche Mittel verfügen und die Schweiz wäre dann in Schussweite...

Allgemeines Konzept des Luftraumschutzes

Im letzten Jahrzehnt des 20. Jahrhunderts stellten die Kriege der von den USA geführten Koalition gegen den Irak 1991 nach der Invasion Saddam Husseins in Kuwait und 1995 gegen Serbien unter der Ägide der NATO auf dramatische Weise die Überlegenheit der Luftwaffe unter Beweis und damit ihre Wirksamkeit, einen Feind niederzuringen und einen Konflikt schnell und erfolgreich zu beenden. Freilich stellte es sich als sehr viel schwieriger heraus, in einer zweiten Phase wieder Frieden und Stabilität aufzubauen, wenn wir an die unüberwindlichen Probleme in Afghanistan, dem Irak oder Libyen denken.

Diese Siege der Luftwaffe waren weitgehend risikofreie, im Voraus absehbare Siege, derart unausgeglichen waren die Machtverhältnisse und war die Luftverteidigung der Angegriffenen so gut wie nicht existent.

Doch das «goldene» Zeitalter der unangefochtenen Luftherrschaft scheint vorbei zu sein. Es ist sehr wahrscheinlich, dass es solche «Blitzkriege» in Zukunft nicht mehr geben wird, da überall wirksame Luftverteidigungssysteme entwickelt worden sind. Es ist schlicht ausgeschlossen, solche Einsätze zur absoluten Luftraumüberlegenheit durchzuführen, sofern ein starkes bodengestütztes Luftverteidigungssystem vorhanden ist. Denn in einem solchen Fall ist der Preis, den der Angreifer zu zahlen hat, sowohl in Form von Menschenleben als auch von Verlusten von Flugzeugen sehr hoch. Der zu zahlende Preis ist das, was auch Abschreckung genannt wird.

So könnte sich beispielsweise die Fähigkeit der Vereinigten Staaten, des Landes mit der bei weitem grössten und effizientesten Luftwaffe, den Luftraum bestimmter potenziell feindlicher Nationen wie Russland oder China zu kontrollieren, als teuer und kompliziert erweisen. Diese Länder sind sich der überwältigenden Überlegenheit der Luftstreitkräfte der USA und der NATO bewusst und haben massive Investitionen in Boden-Luft-Verteidigungssysteme getätigt. Diese sind auch unter der Bezeichnung «Zugangsverweigerungssysteme» (auf Englisch «Anti Access / Area Denial (A2/AD)» bekannt. Russland zum Beispiel hat der Entwicklung moderner luft- und bodengestützter Raketenabwehrsystemen höchste Priorität eingeräumt. Dies führt zu Verzögerungen bei der Entwicklung und Herstellung von Kampfflugzeugen, was Russland auf der Grundlage seiner Verteidigungsstrategie bewusst so entschieden hat. Russland wird immer noch so dargestellt, als wolle es Europa bedrohen und einmarschieren. Das ist nicht der Fall. Dieses Land ist nach wie vor tief traumatisiert von den aufeinanderfolgenden Invasionen, die es im Laufe der Jahrhunderte erlitten hat. Russland denkt in erster Linie daran, sich selbst und seine Einflussräume zu verteidigen. Im Falle eines NATO-Luftangriffs würden russische bodengestützte Verteidigungseinheiten wahrscheinlich die Handlungsfreiheit westlicher Kampfflugzeuge vereiteln und jedem Eindringling schwere Verluste zufügen. Gleichzeitig würden Raketenangriffe auf NATO-Luftwaffenstützpunkte durchgeführt.

Dieses Beispiel spiegelt die Entwicklung der **aktuellen Trends in der Luftraum-Kriegführung** wider:

1. **Eine wachsende Rolle der bodengestützten Luftverteidigung**

2. **Eine begrenzte Rolle für Kampfflugzeuge, die für die Defensive ungeeignet sind und in der Offensive immer weniger erreichen**

Glaubwürdige Abschreckung und eine wirksame Verteidigung des Luftraums eines Landes beruhen heute in erster Linie auf bodengestützten Verteidigungssystemen.

Ein konkretes Beispiel für eine solche Wahl ist das Beispiel Israel. Es erübrigt sich, an den besonderen Kontext dieses Landes zu erinnern, das sich seit Jahrzehnten fast ständig im Krieg mit seinen Nachbarn befindet. Um seinen Luftraum zu verteidigen und auf häufige Lenkwaffen- und Raketenangriffe zu reagieren, hat sich Israel in erster Linie für hochwirksame bodengestützte Abwehrsysteme gegen Angriffe aus der Luft entschieden. Das Land verfügt auch über eine leistungsfähige Luftwaffe, darunter F-35 Tarnkappen-Jets, aber die ihnen zugewiesene Rolle ist eher offensiv, insbesondere mit der Fähigkeit, seine militärische Macht auf die umliegenden arabischen Länder zu projizieren.

Welche Lösung für die Schweiz?

Die Schweiz ist ein neutrales Land, ohne offensichtliche militärische Bedrohung, ohne erkennbaren potenziellen Feind und mit einer «vorteilhaften» geografischen Lage in der Mitte Europas.

Die Schweiz hat keine Notwendigkeit, ihre militärische Macht nach aussen, ausserhalb ihres Territoriums, zu projizieren, wie sie es mit Hochleistungs-Kampfflugzeugen tun könnte.

Als ultimative Versicherung gegen eine hypothetische Aggression muss die Schweiz in der Lage sein, sich zu verteidigen. Sie muss in der Lage sein, einem potenziellen Eindringling einen Preis abzuverlangen, wenn er den Versuch wagen würde, unseren Luftraum zu kontrollieren. Der Zugang zum Schweizer Luftraum muss deshalb durch eine **perfekte**

Luftverteidigung erschwert, gefährdet oder gar verunmöglicht werden. Die Fähigkeit, einen Angreifer von der Durchführung seines Vorhabens abzuschrecken, hängt von der Überzeugung ab, dass man in der Lage ist, in seinem Bewusstsein den Gedanken an das potenzielle Risiko zu wecken, dass ein möglicher Angriff mit einem Fehlschlag enden könnte und/oder dass der Preis an Menschenleben und materiellem Schaden zu hoch wäre.

Die Schweiz muss eine glaubwürdige Abschreckungsfähigkeit entwickeln und ihren Ruf als ein der Neutralität verpflichteter, verteidigungsorientierter Staat bewahren. Deshalb muss sie verhältnismässig mehr in ihre bodengestützten Luftverteidigungsmittel und deutlich weniger in ihre Kampfflugzeug-Flotte investieren.

Früherkennungs- und Frühwarnsystem

Das Ausmass des Schweizer Luftraums ist beschränkt. Deshalb hat ihr Verteidigungssystem im Falle einer Bedrohung nur sehr wenig Zeit zu reagieren. Ein Kampfflugzeug braucht etwa zehn Minuten, um die Schweiz zu durchqueren. Die Früherkennung von Bedrohungen aus der Luft und Überwachung des Luftraums insgesamt wird zudem durch die Topographie der Schweiz erschwert, insbesondere im Alpenraum, was zu Lücken in der Radarbeobachtung führen kann. So ist die rechtzeitige Erkennung beispielsweise von tief fliegenden Marschflugkörpern oder Drohnen erheblich erschwert.

Die oben genannten Eventualitäten erfordern die Installation von Hochleistungsradarsystemen und eine aktive Zusammenarbeit mit den Nachbarstaaten und den der NATO zur Verfügung stehenden Kontrollsystemen. Und alle gewonnenen Informationen müssen in einer integrierten Sicherheitsarchitektur auf der Grundlage einer wirksamen Führungs- und Überwachungsleitung (allgemein als C2-Struktur bekannt) effizient verarbeitet werden. Das Ziel ist ein einziges, gemeinsames und integriertes Luftbild, das eine sofortige, angemessene Reaktion mit dem geeigneten Abwehrmittel ermöglicht.

Das Ideal wäre ein ergänzendes Frühwarnsystem auf der Grundlage eines AWACS-Flugzeugs (Airborne Early Warning and Control System), das eine luftgestützte Luftraumaufklärung und -überwachung mit dem Ziel der Früherkennung und Vorwarnung ermöglicht. Ein solches Instrument übersteigt jedoch die Mittel und Bedürfnisse der Schweiz. Sie ist auf ein anderes leistungsfähiges Radarsystem angewiesen.

Bedarf einer integrierten Sicherheitsarchitektur, die eine Optimierung und Integration von Informationen aus der Luftraumüberwachung für eine sofortige und effektive Reaktion ermöglicht

Die Komplexität und Vielfältigkeit potenzieller Bedrohungen erfordern ein wirksames und integriertes bodengestütztes Luftverteidigungssystem, um verschiedenen Bedrohungen zu begegnen, die Menschen und insbesondere die kritischen Infrastrukturen zu schützen und den Luftraum für die eigenen Flugzeuge frei zu halten.

Ein bestimmter Typ eines bodengestützten Luftverteidigungssystems ist nicht in der Lage, auf sämtliche Bedrohungen aus der Luft zu reagieren. Im Idealfall sollte die Boden-Luftverteidigung der Schweiz aus mehreren Elementen bestehen, um das gesamte Spektrum potenzieller Bedrohungen abzudecken. Die Interoperabilität zwischen den verschiedenen Systemen, einschliesslich der Kampfflugzeuge, sollte ein gezieltes und koordiniertes Eingreifen ermöglichen, das durch die genaue Art der Bedrohung bestimmt wird:

- Flugzeuge, weitere bemannte oder unbemannte Luftfahrzeuge
- Drohnen aller Art
- Marschflugkörper
- Ballistische Raketen und Lenkwaffen
- Kampfhubschrauber

Angesichts dieses breiten Spektrums an Optionen muss die Luftverteidigung flexibel und anpassungsfähig sein.

Luftverteidigung kurzer Reichweite

Im Air2030-Konzept des Bundesrates ist die bodengestützte Luftverteidigung kurzer Reichweite das Stiefkind der geplanten Beschaffungen. Das Konzept sieht gar vor, das bisher genutzte schultergestützte Lenkwaffensystem Stinger auszumustern, obschon es sich nach wie vor um eine modernisierungsfähige wirksame Waffe zur Abwehr von Angriffen durch Drohnen, Helikopter und langsam fliegende Flugzeuge handelt.

Die Boden-Luft-Rakete Stinger stellt eine ständige Bedrohung für jedes Luftfahrzeug dar. Ihre Weiterentwicklung ist nach wie vor aktuell und durch die Notwendigkeit motiviert, auch in Zukunft über eine wirksame und nachhaltig finanzierbare Waffe zu verfügen, um der zunehmenden Verbreitung von Drohnen entgegenzuwirken.

Das U.S.-Militär baut diese Fähigkeit wieder auf.

Das künftige bodengestützte Luftverteidigungssystem grosser Reichweite, das die Schweiz als nächstes beschaffen will, sollte durch ein solches kurzer Reichweite ergänzt werden. Die Kombination mehrerer Luftverteidigungssysteme versetzt das Land in die Lage, über mehrstufige Aktionsmittel zu verfügen, die die verschiedenen Höhen des Luftraums abdecken und den Aktionsradius seiner Verteidigungsmittel erweitern.

Kampfflugzeuge

Die von der Luftwaffe gewährleistete Luftpolizei trägt zur allgemeinen Sicherheit der Schweiz bei. Die Fähigkeit, Kampfflugzeuge einzusetzen, um Flugverbote durchzusetzen, ein Flugzeug zu identifizieren oder einem Flugzeug in Schwierigkeiten beizustehen, ist von wesentlicher Bedeutung. Dies ist die tägliche Aufgabe der Luftpolizei, die nur ausnahmsweise mit grösseren Bedrohungen konfrontiert ist. Während terroristische Aktionen in Betracht zu ziehen sind, gibt es im gegenwärtigen und künftigen geopolitischen Kontext keinerlei Anhaltspunkt, dass ein oder mehrere Staaten einen geballten Angriff gegen die Schweiz starten könnten.

Und es wäre ein Fehler, wenn sich das Land zur Abdeckung seiner Sicherheitsbedürfnisse im Luftraum überwiegend auf Kampfflugzeuge verlassen würde. Die plausibelsten, wenn auch weiterhin wenig wahrscheinlichen Bedrohungen, von denen die Schweiz betroffen sein könnte, betreffen Drohnen, Lenkwaffen oder Raketen, gegen welche ein Kampfflugzeug nutzlos ist. Kampfflugzeuge sind ein notwendiges Element für den Schutz des Luftraums, aber zur eigentlichen Luftverteidigung sind bodengestützte Systeme, ein wirksames Überwachungs- und Warnsystem sowie eine integrierte Architektur zur Koordinierung der Reaktion im Rahmen eines umfassenden Verteidigungskonzeptes wichtiger.

In einigen Szenarien sind Kampfflugzeuge unverzichtbar, z.B. zur Sichtprüfung oder Identifizierung eines Flugzeugs. Diese Situationen kommen recht häufig vor, in der Regel, weil ein Flugzeug seinen Transponder nicht aktiviert hat oder von seiner vorgesehenen Flugbahn abgewichen ist. Schwerwiegende Situationen, die das Abfangen oder das zwangsweise Wegbegleiten eines möglicherweise gefährlichen Flugzeugs aus dem Schweizer Luftraum erfordern, sind insgesamt sehr selten. Und es gibt keinerlei Anhaltspunkte, sich einen vollwertigen Luftangriff mit einer ganzen Flotte von Kampfflugzeugen vorzustellen. Ohnehin wäre in einem solchen Fall ein bodengestütztes System für die Defensive weit wirksamer als für die Offensive optimierte schwere Kampfflugzeuge. Zudem wäre in einem solchen Fall der Angreifer, bei dem es sich nicht um eines der Nachbarländer handeln könnte, gezwungen, zuerst viele andere Länder zu überfliegen, was zu Reaktionen der überflogenen Länder und insbesondere der NATO-Streitkräfte und damit zu ernsten Gefahren für angreifende Flugzeuge und Besatzungen führen würde. Für einen solchen Aggressor wäre es hingegen viel einfacher, kostengünstiger, weniger riskant und ebenso wirksam, den Angriff aus der Ferne mit Raketen durchzuführen. **Es muss endlich zugegeben werden, dass ein Angriff von Kampfflugzeugen gegen die Schweiz sehr unwahrscheinlich – ja im Grunde unvorstellbar ist.**

Szenario für die Beschaffung eines Hochleistungs-Kampfflugzeugs (Bundesratsprojekt)

Die Botschaft des Bundesrates ist klar: Im Vordergrund steht für ihn die Beschaffung von Hochleistungs-Kampfflugzeugen. Nur so lässt sich die gewaltige Summe von sechs Milliarden Franken erklären, die er dafür bereitstellen will, und ebenso die Liste der Flugzeuge, die das VBS 2019 für Tests ausgewählt hat: Rafale, Eurofighter, F/A-18 Super-Hornet und der Tarnkappenjet F-35. Diese Wahl lässt sich angesichts der gegenwärtigen und zukünftigen militärischen Bedrohungen und der alltäglichen luftpolizeilichen Aufgaben der Schweizer Luftwaffe nicht begründen.

Das Air2030-Konzept des Bundesrates geht von unrealistischen Szenarien mit unverhältnismässigen Investitionen zu Lasten anderer, relevanterer Verteidigungsmittel aus. Das Land wird auf ein Konfliktszenario mit dem Angriff feindlicher Kampfflugzeuge vorbereitet. Es wird also mit dem schlimmsten denkbaren Fall argumentiert, während diese Flugzeuge keineswegs die richtige Wahl sind, um genau in diesem Fall die realistischsten Bedrohungen zu bekämpfen, die das Land treffen könnten: Angriffe durch Drohnen oder Lenkwaffen, Marschflugkörper oder ballistische Raketen.

Es ist höchst unrealistisch, dass die NATO-Luftstreitkräfte oder eines ihrer Mitglieder oder Österreich, ein neutraler Nachbar, die Schweiz angreifen. Jede andere Luftwaffe, die dies tun würde, müsste zunächst den NATO-Luftraum durchfliegen, um die Schweiz zu erreichen. Aufgrund von Artikel 5 des Washingtoner Vertrags, der besagt, dass bei einem Angriff auf einen NATO-Staat die gesamte NATO angegriffen wird, würde dies bedeuten, dass der Angreifer die NATO besiegt hätte... Reden wir von Russland? China? ... einem anderen Staat?

Neben dem Terrorismus betrachtet die NATO Russland und bis zu einem gewissen Grad auch den Iran als potenzielle Gefahren für die europäische Sicherheit. Doch weder die iranische noch die russische Militärdoktrin rechtfertigen die im Air2030-Konzept vorgesehenen unverhältnismässigen Investitionen in Kampfflugzeuge.

- Der Iran hat nicht die Mittel, Europa oder die Schweiz mit seiner Luftwaffe anzugreifen. Die iranische Militärdoktrin basiert fast ausschliesslich auf Entwicklung und Einsatz von Raketentechnologie. Die NATO betrachtet die iranische Raketenbedrohung als echte Bedrohung für Europa.

- Die russischen Streitkräfte stützen sich hauptsächlich auf eine Doktrin, die ballistische Raketen und Marschflugkörper in den Vordergrund stellt. Die Entwicklung eines neuen russischen Kampfflugzeugs, vergleichbar mit den jüngsten westlichen Kampfflugzeugen, ist keine Priorität in der russischen Militärplanung. Es ist sehr wahrscheinlich, dass Russland in den nächsten 20 Jahren nicht in der Lage sein wird, genügend moderne Kampfflugzeuge zu entwickeln und zu produzieren. Wie soll Russland so die erdrückende Luftraum-Überlegenheit der westlichen Armeen auf sehr lange Sicht zu gefährden?

Unterscheidung: Friedenszeit / bewaffneter Konflikt

Kampfflugzeuge und bodengestützte Luftverteidigung haben unterschiedliche Aufgaben, die sich im Wesentlichen aus der Lage im Frieden und in einem bewaffneten Konflikt ergeben.

In Friedenszeiten, also eigentlich permanent, sind Kampfflugzeuge fast täglich für luftpolizeiliche Aufgaben im Einsatz. Diese werden stets um den grundlegenden Schutz ergänzt, den die bodengestützten Mittel zu jeder Zeit bieten. Die Schweiz braucht Flugzeuge, um problematische Flugzeuge identifizieren und notfalls in sehr seltenen, ausserordentlichen Situationen eingreifen zu können. Dabei geht es um zivile Flugzeuge.

Im Konflikt- oder Kriegsfall, falls ein feindlicher Staat Raketen losschickt oder feindliche Kampfflugzeuge in den Luftraum eindringen, ist die bodengestützte Luftverteidigung die effektivste Verteidigungsoption. Vorausgesetzt, sie ist wirksam.

Die aktuell von der Schweiz evaluierten Kampfflugzeuge

Rund ein halbes Jahr vor der Verabschiedung des Bundesbeschlusses durch das Parlament im Dezember 2019 leitete der Bundesrat das Beschaffungsverfahren für das neue Kampfflugzeug ein und unterzog die vier erwähnten Flugzeugtypen einer Reihe von Tests und Bewertungen.

Die Acamar-Studie stellt diese kurz vor. Es handelt sich soweit alles um qualitativ hochwertige Kampfflugzeuge. Freilich sind sie für andere Aufgaben optimiert, als sie die Schweiz braucht...

Die **Rafale** von Dassault und der **Eurofighter Typhoon** von Airbus sind recht ähnliche, teure Flugzeuge (93 Millionen Franken für die Rafale und 105 Millionen Franken für den Eurofighter). Deren Entwicklung startete bereits zu Zeiten des Kalten Krieges. Sie gehören der gleichen Generation wie die F/A-18C/D Hornet an, welche die Schweiz bereits hat. Frankreich hat die Rafale vorab als Trägerflugzeug für Atomwaffen entwickelt. Sie ist deshalb eher langsam, verfügt aber über ein sehr leistungsfähiges elektronisches Spectra-Kriegführungssystem, das der Selbstverteidigung dient. Die Rafale ist bei niedrigen Geschwindigkeiten und Höhen manövrierfähiger als der Eurofighter, was für luftpolizeiliche Einsätze vorteilhafter ist. Keines der beiden Flugzeuge hat Tarnkappen-Fähigkeit; beim Eurofighter ist aber der Radarquerschnitt etwas geringer als bei der Rafale. Zudem ist der Eurofighter schneller und überschreitet problemlos Mach 2 (Mach 1 entspricht der Schallgeschwindigkeit: Bei einer Temperatur von 0 Grad Celsius 331 Meter pro Sekunde oder 1193 km pro Stunde; durchbricht ein Flugzeug die Schallgeschwindigkeit, löst dies eine Schockwelle und einen typischen Überschallknall aus). Die Rafale begnügt sich mit einer Geschwindigkeit von 1,7 Mach.

Diese Flugzeuge sind freilich nicht an die Bedürfnisse der Schweiz angepasst. Ihre Fähigkeiten sind ausgezeichnet, aber viel zu umfangreich und offensiv, um die tägliche Überwachung des Luftraums eines neutralen Landes in einer der stabilsten Regionen der Welt zu übernehmen.

Die amerikanische **F-35** von Lockheed Martin ist das wahrscheinlich technologisch fortschrittlichste Mehrzweck-Kampfflugzeug der Welt. Die F-35 ist ein Tarnkappen-Flugzeug mit bemerkenswerten Fähigkeiten, die es ihr ermöglichen, unbemerkt bis tief in den feindlichen Luftraum einzudringen, dort feindliche Ziele zu identifizieren und zu zerstören – also ein für die Offensive optimiertes Kampfflugzeug für den Angriff. Dank ihrer Hochtechnologie und Radarfähigkeiten, ganz zu schweigen von den besonderen Eigenschaften ihrer radarabsorbierenden Materialien, kann die F-35 feindliche Ziele oder Stellungen wirksam angreifen, bevor der Feind überhaupt die Anwesenheit der F-35 bemerkt.

Ein Hochleistungs-Kampfflugzeug, das für die Schweiz aber nicht geeignet ist: Es ist teuer, technologisch derart überladen, dass es bei weitem noch nicht fertig entwickelt ist und eine komplexe und teure logistische Unterstützungsstruktur erfordert. Die Flugstunde bewegt sich in einer Grössenordnung von 40 000 Franken pro Stunde, ein Flugzeug, das für die Angriffe auf sehr grosse Distanzen massgeschneidert ist und daher kaum dem Geist eines neutralen und verteidigungsorientierten Landes entspricht. Aufgrund ihrer technischen Eigenschaften ist sie im direkten Luftkampf auf kurze Entfernungen nicht sehr wirksam und in derartigen Situationen gar einem leichteren und wendigeren Flugzeug unterlegen.

Ein weiteres grosses Problem bildet das Autonome Logistische Informationssystem (ALIS). Dabei handelt es sich um ein komplexes Computersystem, das kontinuierlich Daten aus dem Flugzeug sammelt und analysiert. ALIS dient der Einsatzplanung, Bedrohungsanalyse, Wartungsdiagnose sowie der Planung und Bestellung von Ersatzteilen. Alle F-35 Flugzeuge müssen ihre Dateien und ALIS-Profile fortlaufend, vor und nach jedem Flug, aktualisieren. Um dies zu gewährleisten, werden die Daten aus jeder F-35 ausgelesen und über das Internet an den ALIS Grossrechner nach Texas geschickt. Von dort werden die Daten dann an das US *Reprogramming Laboratory* und Lockheed Martin weitergeleitet. Danach werden die aktualisierten Daten über den Grossrechner zurück zu allen F-35 in der ganzen Welt zurückgeschickt. Damit haben die USA potenziell die Kontrolle über alle F-35, über ihre Missionen, und sie könnten potenziell jederzeit in die Software eingreifen und im schlimmsten Fall nach der Methode des «Trojanischen Pferdes» handeln.

Das letzte getestete Flugzeug ist die **F/A-18 Super Hornet**, das neue Flugzeug von Boeing, das die F/A-18 Hornet ersetzen soll. Die beiden Flugzeuge sehen sich ähnlich, und viele Teile des Flugzeugs sind einander nachgebildet. Auch die Super Hornet ist ähnlich wie die F-35 in erster Linie für Angriffshandlungen optimiert. Sie ist rund ein Fünftel grösser als die Hornet und im leeren Zustand 3200 Kilogramm schwerer. Sie kann rund ein Drittel mehr Treibstoff aufnehmen, was ihre Reichweite um 41% und ihre Verweilzeit in der Luft um rund 50% erhöht. Freilich ist der Verbrauch des leistungsstärkeren Triebwerks deutlich höher. Ihre Radar- und Störsysteme sind verbessert, aber solche technologischen Neuerungen könnten auch auf der F/A-18 Hornet installiert werden, womit unsere Hornet auf das Niveau der getesteten Flugzeuge gebracht würden.

Die Acamar-Studie fasst zusammen: «Im Sichtluftkampf ist die Hornet der neueren Super Hornet leicht überlegen, da die Hornet eine höhere Manövrierbarkeit aufweist. Dies ist durchaus beachtlich, da die Vorgaben für ein Schweizer Kampfflugzeug, hohe Manövrierbarkeit und gute Eigenschaften im Sichtluftkampf sind und **die gegenwärtige F/A-18 Hornet** in diesem Gebiet durchaus mit den zur Auswahl stehenden Flugzeugen für Air2030 mithalten kann, **oder sogar leicht überlegen ist.**»

«Eine Verlängerung der Lebensdauer der aktuellen Schweizer F/A-18 Kampfflugzeuge wäre möglich, indem die Schweiz einen kleineren, sparsameren Kampfjet in Betracht zieht, der längere Flüge mit besserem Kraftstoffverbrauch durchführen könnte. Sollte die Schweiz sich für ein leichtes Kampfflugzeug, das auch als Trainingsflugzeug eingesetzt werden kann, entscheiden, um die tägliche Überwachung des Luftraums zu gewährleisten, könnte dies die Kosten und den täglichen Verschleiss der Schweizer F/A-18-Flotte wesentlich senken», hält die Acamar-Studie fest.

Es sollte nicht vergessen werden, dass ein Schlüsselfaktor, der bei der Wahl eines neuen Kampfflugzeugs zu berücksichtigen ist, dessen Fähigkeit ist, am besten jene Mission durchzuführen, die von ihm erwartet wird: Luftpolizeiliche Einsätze in Friedenszeiten. Ideal wäre ein leichtes Kampfflugzeug, das zu geringeren Kosten sehr lange in der Luft bleiben kann. Mit dem zusätzlichen Bonus, mit der modernisierten F/A-18 Hornet die Sicherheit einer hochwirksamen militärischen Fähigkeit aufrechterhalten zu können und sie von einem sehr grossen Teil ihrer Aufgabe zu entlasten, was sehr viel Geld sparen und die Nutzungsdauer verlängern würde.

Leonardo M-346 FA, eine ausgezeichnete Wahl für die Schweiz

Es kommen mehrere leichte Kampfflugzeuge in Frage, welche in der Schweiz luftpolizeiliche Aufgaben sowie die fortgeschrittene Phase der Pilotenausbildung übernehmen könnten. Im Angebot ist u.a. die von der F-16 abgeleitete KAI FA-50 Golden Eagle aus Südkorea, ein leichtes, erschwingliches und effizientes Überschall-Angriffsflugzeug, das auch zu Trainingszwecken eingesetzt werden kann. Der Mach 1.5 schnelle Jet verfügt über ein Triebwerk mit Nachbrenner, das aus der gleichen Familie wie jenes der F/A-18 stammt.

In Frage kommt laut Acamar-Studie ferner die Leonardo M-346 FA aus Italien. FA steht für *Fighter Attack* und kennzeichnet die sowohl als leichtes Kampfflugzeug als auch als Trainer einsetzbare Version des ursprünglich für die Schulung und Ausbildung von Piloten konzipierten Jets. Bei der Leonardo M-346 handelt es sich um einen zweistrahligen, zweisitzigen Militärjet, um Piloten für den Einsatz auf der neuesten Generation von Kampfflugzeugen auszubilden. In dieser Form wird das Flugzeug derzeit von Israel, Singapur, Polen und Italien eingesetzt. Zudem bildet Italien auf der Leonardo M-346 Piloten aus Österreich aus, womit unser Nachbarland kostspielige Ausbildungsstunden auf dem Eurofighter einspart. Ebenfalls aus Kostenüberlegungen nutzt auch Italien den M-346 schon heute zusätzlich zur Pilotenausbildung für luftpolizeiliche Einsätze, will dies aber aus rechtlichen Gründen nicht bestätigen.

Die ersten sechs zum leichten Kampfjet weiterentwickelten Leonardo M-346 FA (Fighter/Attack) sind gegenwärtig in Produktion und werden 2021 an ein (leider bisher nicht offengelegtes) Land ausgeliefert. Dieses leichte, sehr wendige Flugzeug bietet sowohl hochwertige Ausbildungsmöglichkeiten als auch luftpolizeiliche Fähigkeiten, womit die meisten Einsätze, die die Schweiz zu bewältigen hat, erledigt werden könnten. Die Bewaffnung des M-346 FA ist furchterregend: Kein verirrtes Transport- oder Sportflugzeug, kein von Terroristen entführtes Passagierflugzeug, keine mit Sprengstoff gefüllte Drohne kann der Bewaffnung des M-346 FA im Entferntesten etwas entgegenstellen – ja selbst Kampfflugzeuge liessen sich damit sehr beeindrucken. Der Jet verfügt über 7 Aufhängpunkte für Lasten bis zu 3000 kg. Es steht dem Käufer frei, welche Waffen er an diesen 7 Aufhängepunkten anbringen will.

Für den Luft-Luft-Kampf ist der M-346 FA mit den gleichen Lenkwaffen wie der F/A-18 Hornet bewaffnet: Einerseits mit den wärmebildgesteuerten, selbstsuchenden **Sidewinter** für den Kurzstreckeneinsatz (Reichweite 17 Kilometer) und zweieinhalbfacher Schallgeschwindigkeit (2.5 Mach); andererseits mit den radargelenkten **Amraam** auf mittlere Distanz (Reichweite 105 bis 180 Kilometer) und vierfacher Schallgeschwindigkeit (4 Mach). Die M-346 FA kann ohne Aufwärmzeit aus dem Stand starten und innert gut zwei Minuten auf 13 700 Meter aufsteigen; jeder unerwünschte Eindringling in den Schweizer Luftraum wäre bei weitem ausreichend beeindruckt – und dies allwetter- und nachttauglich, u.a. wegen der Ausrüstung mit einem Litening-Zielbeleuchtungsbehälter mit schwenkbarem Sensorkopf, um auf grosse Distanzen Ziele nachts und bei schlechtem Wetter zu erfassen und mittels Laserstrahl für gelenkte Waffen zu bekämpfen. Eine weitere Bewaffnungsmöglichkeit sind 12,7-mm- oder 20-mm- Schnellfeuer-Flugzeug-Kanonen sowie – was die Schweiz nicht braucht – Aufhängepunkte für den Luft-Boden-Kampf. Hinzu kommen mehrere Hochleistungsradar und Avioniksysteme, die jenen der neuesten Generation von Kampfflugzeugen ebenbürtig sind.

Italien beabsichtigt, dieses Flugzeug verstärkt für seine Luftpolizei einzusetzen, um seine Eurofighter-, Tornado- und F-35-Flotte zu entladen. Auch in Österreich gibt es viele Fachleute, die empfehlen, die alten Saab-Flugzeuge mit dem M-346 FA zu ersetzen. Zur Überbrückung erwägt Österreich gar, bei der Schweiz erneut F-5-Tiger-Flugzeuge zu leasen, welche hierzulande viel zu früh nach einer durchschnittlichen Nutzung von bloss 3300 Flugstunden wieder ausgemustert und nun in zwei Tranchen an die USA zurückverkauft werden.

Neben der hervorragenden Leistungsfähigkeit sprechen die weit geringeren Kosten für den M-346 FA. Seine Beschaffung kostet rund 25 Millionen Franken pro Stück statt der rund 100 Millionen Franken für Luxus-Kampfjets, welche das VBS derzeit evaluiert. Noch sehr viel kostengünstiger ist sein Betrieb: 2000 Franken pro Flugstunde, gegenüber 40 000 Franken für die F-35, 18 000 Franken für den Eurofighter oder 11 000 Franken für die F/A-18. Neben den weit tieferen Kosten sprechen auch der niedrigere Treibstoffverbrauch und der geringere Lärm für die M-346 FA. Zudem ist die Verweildauer in der Luft bei der M-346 FA fast vier Mal länger als bei den vom VBS ins Auge gefassten Kampfjets.

Es stimmt, dass der Leonardo langsamer ist und eine Geschwindigkeit um Mach 1 erreicht, nicht mehr. Aber seine Startzeit ist viel kürzer, und am Ende erreicht die M-345 FA fast gleichzeitig mit einem leistungsstärkeren Flugzeug den Zielraum, weil er viel rascher startbereit ist. Dies bestätigten italienische Piloten gestützt auf einen Vergleichstest mit dem Eurofighter. Was für Italien geht, stimmt umso mehr für die Schweiz, wo aufgrund der geringen Grösse nur kurze Entfernungen zurückzulegen sind.

Die Wahl eines leistungsfähigen Boden-Luft-Verteidigungssystems

Die Verbreitung ballistischer Raketen hat in den letzten Jahren erheblich zugenommen, und mit dem Auslaufen des INF-Vertrags dürfte sich diese Entwicklung verstärken – ebenso das Risiko, dass nichtstaatliche Akteure über Drohnen sowie Lenkwaffen aller Art verfügen könnten. All diese Systeme erfahren gegenwärtig eine enorme Steigerung ihrer technologischen Fähigkeiten in Bezug auf Reichweite und Genauigkeit. Hinzu kommt, dass auch bodengestützte Verteidigungssysteme auch im höchst unwahrscheinlichen Fall eines Angriffs durch moderne Kampfflugzeuge die erste Wahl sind.

Der Acamar-Bericht analysiert zwei leistungsstarke Boden-Luft-Verteidigungssysteme, die für die Schweiz möglicherweise in Frage kämen: das **Patriot-System** und das **SAMP/T-System**. Diese beiden Waffen sind sehr leistungsstark und unterscheiden sich in einigen wenigen technischen Eigenschaften. Die wichtigste ist, dass das SAMP/T-System einen 360-Grad-Schutz bietet, während das Patriot-System auf einen Zielraum von 120 Grad ausgerichtet ist. Die Wahl des einen oder anderen Typs ist vor allem Sache der Fachleute, die ein integriertes Luftverteidigungssystem organisieren, das mit einer optimalen Radarausrüstung eine frühzeitige Alarmierung ermöglicht und über ein Führungssystem verfügt, das den Einsatz von Abwehrraketen gegen verschiedene Bedrohungen ermöglicht. Hervorzuheben ist in jedem Fall, dass solche Systeme nicht milizfähig sind und die Wirksamkeit ihres Einsatzes von der Qualität der sie umgebenden Infrastruktur und dem Ausbildungsstand des Personals abhängt.

Kennzeichen der einzelnen Systeme sind:

• Das **SAMP/T-System** ist ein europäisches Produkt und steht in Frankreich und Italien im Einsatz. Aufgrund der 360-Grad-Abdeckung scheint das SAMP/T-System besser für die Verteidigung gegen Flugzeuge, Marschflugkörper und Drohnen geeignet zu sein.

• Zwar ist das **Patriot-System** generell zumindest gleichwertig in der Kapazität der Bekämpfung von Flugzeugen, Marschflugkörpern und Drohnen. Dennoch ist seine Fähigkeit zur Abwehr solcher Bedrohungen begrenzt, indem der Patriot-Radar nur ein Sichtfeld von 120 Grad besitzt. Das Patriot-System ist aber besser zur Bekämpfung ballistischer Raketen geeignet und (anders als SAMP/T) im konkreten Kampfeinsatz erprobt.

Für ein realistisches Szenario – Schlussfolgerung der Acamar-Studie

Der Fokus des bundesrätlichen Projekts Air2030 auf die Beschaffung von 30 oder 40 Hochleistungs-Kampfflugzeugen ist angesichts der plausiblen aktuellen und zukünftigen Bedrohungen des Landes nicht logisch.

Kampfflugzeuge werden in Zukunft – ähnlich dem aktuellen Einsatz – fast ausschliesslich für Aufgaben der Luftpolizei in Friedenszeiten eingesetzt. Das betrifft Einsätze, für welche die vorgesehenen Flugzeuge überdimensioniert und überqualifiziert sind. Das VBS begründet die Beschaffung von Hochleistungs-Kampfflugzeugen im Umfang von 6 Milliarden Franken vor allem mit möglichen zukünftigen Konfliktszenarien. Aber konkret für welche Szenarien? Nichts ist klar. Das Air2030-Konzept gibt keinerlei Präzisierungen, bei welchen Bedrohungen genau es zwingend ein derart schweres und technologisch hochgezüchtetes Kampfflugzeug braucht und wie diese konkret einen Schutz bieten, der mit anderen kostengünstigeren Mitteln nicht geschaffen werden könnte. Angesichts der plausiblen Bedrohungen, mit denen unser Land konfrontiert werden könnte, sind Kampfflugzeuge nicht das ideale Instrument, um am besten auf einen Terroranschlag oder auf den Einsatz von Drohnen, Marschflugkörpern, Lenkwaffen oder ballistischen Raketen zu reagieren.

Da die Schweiz nicht beabsichtigt, ihr eigenes Territorium oder gar Ziele in einigen Tausend Kilometern Entfernung zu bombardieren, sind ihre Kampfflugzeuge in erster Linie dazu bestimmt, andere, potenziell ebenbürtige Kampfflugzeuge im Luftkampf abzuwehren. Aber welche könnten das Land angreifen? Es ist völlig unrealistisch, sich einen Angriff der Luftwaffen von NATO-Mitgliedstaaten oder Österreichs vorzustellen. Jede andere Luftwaffe, die von weiter weg kommt, müsste zuerst den NATO-Luftraum durchqueren, um unser Land zu erreichen.

Darüber hinaus wäre die bodengestützte Luftverteidigung in einer realen Konfliktsituation mit einer bedeutenden Militärmacht als Feind, der mit seinen Kampfflugzeugen in den Schweizer Luftraum eindringen will, die wirksamste Verteidigungsoption. Und zuvor wäre die NATO besiegt worden...

Wer sonst könnte die Schweiz angreifen, wenn nicht jemand mit terroristischem Hintergrund? Die von NATO-Kreisen zitierten Länder sind Russland und Iran. Erinnern wir uns, was am Anfang dieses Berichts steht:

• Der Iran hat keine Luftwaffe, die Europa angreifen könnte. Auf der anderen Seite entwickelt das Land Lenkwaffen und ballistische Raketen.

• Russland hat der Entwicklung moderner bodengestützter Luft- und Raketenabwehrsysteme höchste Priorität eingeräumt, um den Einsatz von NATO-Flugzeugen abwehren zu können, von denen Putin weiss, dass sie zahlen- und leistungsmässig weit überlegen sind. Russland setzt im Übrigen vor allem auf die Entwicklung ballistischer Raketen und Marschflugkörper. «Die Entwicklung eines Kampfflugzeuges, das mit den neuesten westlichen Kampfflugzeugen vergleichbar wäre, hat eindeutig in der russischen Militärplanung keine Priorität. Die wirtschaftlichen Grenzen Russlands und die vielen konkurrierenden Anforderungen der Streitkräfte im gesamten russischen Militärspektrum machen es unwahrscheinlich, dass Russland in den nächsten 20 Jahren genug moderne Kampfflugzeuge entwickeln wird, um die Kontrolle der Lufthoheit durch den Westen in symmetrischer Form ernsthaft gefährden zu können.»

Die richtige Wahl: In eine wirklich defensive «Architektur» investieren.

Die Schweiz muss in der Lage sein, potenzielle Aggressoren abzuschrecken. Dazu bedarf es einer soliden Verteidigungsstruktur, die in der Lage ist, einem Feind, der die Schweiz angreifen will, den dafür zu zahlenden Preis verständlich zu machen und ihn so an der Relevanz seines Vorgehens zweifeln zu lassen.

Die Schweiz braucht glaubwürdige Verteidigungsfähigkeiten, aber keine Angriffswaffen wie die gegenwärtig evaluierten Kampfflugzeuge.

Erforderlich sind vielmehr Investitionen in integrierte bodengestützte Verteidigungssysteme, die wirksam und kampferprobt sind, sowie in ein robustes Netzwerk mit einer optimierten, speziell an die Schweizer Topographie angepassten Radararchitektur. Diese soll mit einer Zwei-Typen-Luftwaffe kombiniert werden, bestehend aus einem leichten Kampfflugzeug, das für die Ausbildung und den Hauptteil der Luftpolizeimissionen geeignet ist, und einem schwereren Kampfflugzeug, das in den seltenen Situationen, die grössere Ressourcen erfordern, robust eingreifen kann.

Die bodengestützte Luftverteidigung bietet die Fähigkeit, zu vertretbaren Kosten auf unterschiedliche und unvorhersehbare Umstände rasch und wirksam reagieren zu können.

Die bodengestützte Luftverteidigung steht für eine glaubwürdige, rein defensive Abschreckung, die der Neutralität der Schweiz wertemässig perfekt entspricht.

Also, die Schweiz braucht:

1. den Aufbau einer optimal integrierten Radarstruktur und -architektur, die eine sehr frühzeitige Warnung ermöglicht;

2. die Beschaffung von leichten Kampfflugzeugen, die vorrangig die Anforderungen der luftpolizeilichen Aufgaben erfüllen und gleichzeitig die Hauptlast der Pilotenausbildung tragen;

3. eine Investition in mehrere Technologien und Flugzeugtypen, um einen Totalausfall zu vermeiden und die Verteidigung gegen verschiedenartige Bedrohungen zu optimieren;

4. die Optimierung eines integrierten Luftverteidigungssystems, das die verschiedenen Komponenten in einer wirksamen Führungs- und Kontrollarchitektur zusammenfasst;

5. eine andere Priorisierung bei der Verteilung aller Investitionen für die Luftverteidigung mit einer proportional höheren Mittelzuweisung für die bodengestützte Luftverteidigung.

Mit den in diesem Bericht vorgeschlagenen Ansätzen könnte die Schweiz über ein Luftverteidigungs- und Sicherheitssystem verfügen, das sowohl effizienter als auch deutlich kostengünstiger ist als die veralteten Planungen des Bundesrates – doppelte Sicherheit zum halben Preis.

****

NEIN zur Beschaffung neuer Luxus-Kampfflugzeuge

Im Dezember 2019 stimmte das Parlament einem Bundesbeschluss zu, der den Bundesrat beauftragt, für ein Budget von 6 Milliarden Franken neue Kampfflugzeuge zu beschaffen und so die Mittel zum Schutz des Luftraums zu erneuern. Gleichzeitig überträgt der Beschluss dem Bundesrat die volle Entscheidungsgewalt über Typ und Anzahl der Flugzeuge. Weitere 2 Milliarden Franken sind zudem für die Erneuerung der bodengestützten Luftverteidigung grosser Reichweite vorgesehen. Hinzu kommen bisher nicht offengelegte Investitionen für den Ersatz der Systeme auf kurze und mittlere Distanzen sowie für Radar und Führungsleitung. Im Jahr 2014 waren etwas mehr als 3 Milliarden für die Beschaffung von 22 schwedischen Gripen-Flugzeugen vorgesehen. Heute steht ein Budget von 6 Milliarden Franken für die Beschaffung der neuesten Luxus- und Hochleistungs-Kampfflugzeuge zur Verfügung. Einige der leistungsstärksten Flugzeuge der Welt wurden in den letzten Monaten getestet, darunter der Tarnkappenjet F-35, dem global gesehen teuersten, lautesten und technologisch am meisten überladenden Kampfflugzeug überhaupt mit einer grandiosen Umweltverschmutzung und Kosten für jede einzige Flugstunde von rund 40 000 Franken...

Die Überwachung seines Luftraums ist eine hoheitliche Aufgabe für jeden Staat. Die Schweiz muss diese Souveränität ausüben, und dazu muss sich unser Land mit den entsprechenden Mitteln ausstatten. Die Analyse des geostrategischen Kontextes, die Bewertung der Bedrohungen, ihre Plausibilität und Wahrscheinlichkeit sind aber unabdingbare Voraussetzungen für jeden Beschaffungsentscheid. Man muss bedenken, dass die Schweiz inmitten des NATO-Systems eine ganz besondere Schutzsituation geniesst und im Grunde ein blinder Passagier der NATO ist. Zu bedenken sind ferner die Kosten, die über die gesamte Betriebsdauer ohne weiteres 24 Milliarden Franken oder mehr betragen, sowie die Klimafolgen eines überdimensionierten Kampfflugzeuges mit seinem bedeutenden CO_2-Ausstoss.

Folgende Anmerkungen sind zu machen:

- Das Risiko, dass unser Kontinent und die Schweiz mittel- oder langfristig in einen traditionellen Konflikt verwickelt werden, erachtet selbst der Bundesrat als nahezu ausgeschlossen. Er bringt dies in seinem letzten Bericht über *Die Sicherheitspolitik der Schweiz* klar zum Ausdruck: «Insgesamt lässt sich sagen, dass eine direkte Bedrohung durch einen bewaffneten Angriff auf die Schweiz – ob im herkömmlichen Sinne oder in unkonventioneller Form – für die nächsten Jahre wenig wahrscheinlich ist. Es sind keine Staaten oder Gruppierungen erkennbar, die sowohl über die notwendigen Fähigkeiten verfügen, die Schweiz mit militärischen Mitteln anzugreifen, als auch entsprechende Absichten hegen.»

- Die Schweiz braucht für die Luftpolizei, also die Überwachung des Luftraums in Friedenszeiten, Kampfflugzeuge; dazu brauchen wir aber nicht das grösste und teuerste Modell. Es gibt Alternativen, die billiger und dennoch in der Lage sind, die allermeisten Einsätze durchzuführen. So können wir unsere 30 F/A-18 Hornet-Flugzeuge schonen und ihre Lebensdauer deutlich verlängern. Wünschbar ist also ein *high/low-Mix* mit einer Zwei-Typen-Flotte. Für weniger als eine halbe Milliarde Franken können wir eine ausreichende Anzahl leichter Kampfflugzeuge beschaffen, welche die wesentlichen Aufgaben der Luftpolizei in Friedenszeiten zu einem konkurrenzlos tiefen Betriebsaufwand erfüllen. Darüber hinaus wären diese Flugzeuge ausgezeichnet zur Ausbildung unserer Piloten geeignet. Diese sind sonst gezwungen, direkt vom Pilatus Turboprop auf ein hochmodernes Kampfflugzeug umzusteigen und dort zu extrem hohen Kosten den grössten Teil ihrer Ausbildung zu absolvieren. Schonen wir besser unsere Finanzen und unsere F/A-18-Flotte und verlängern wir so deren Nutzungsdauer. Dann stehen sie weiter für extreme Situationen, ja jede denkbare Ausnahmesituation zur Verfügung, denn sie sind nach wie vor äusserst effizient.

• 6 Milliarden Franken für neue Kampfflugzeuge – das ist freilich bloss die Spitze des Eisbergs, denn die Beschaffung eines Flugzeugs macht je nach Typ nur einen Viertel – der Bundesrat spricht von einem Drittel – der Gesamtkosten aus, die es in den 30 oder 40 Jahren seines Betriebs verursachen wird: Für Betrieb, Unterhalt und – vom Bundesrat nicht berücksichtigt – Infrastruktur, Werterhaltung und Modernisierung. Im Bericht über *Die Zukunft der Luftverteidigung* heisst es Seite 125, dass sich allein die jährlichen Betriebskosten für 30 neue Kampfflugzeuge auf fast 300 Millionen Franken jährlich belaufen...

• Die Vorstellung eines Luftangriffs auf unser Land durch eine Armada feindlicher Kampfflugzeuge ist reine Fiktion. Dennoch stützen Bundesrat und VBS ihre Absicht zur Beschaffung von 30 bis 40 hochmodernen Kampfflugzeugen, die Ziele weit im feindlichen Gebiet angreifen und bombardieren können, allein auf dieses Szenario. Wir sind von befreundeten Staaten umgeben und stehen im Zentrum des NATO-Systems. Ein Angriff auf die Schweiz würde bedeuten, dass die NATO-Streitkräfte besiegt worden wären ... Der Bundesrat schlägt eine äusserst kostspielige Versicherung für einen unvorstellbaren Schadensfall vor und nimmt in Kauf, das Land mit einer Art von Kampfflugzeugen auszurüsten, die kaum für das geeignet sind, was eigentlich ihre einzige tägliche Mission sein wird: Luftpolizei in Friedenszeiten. Mit dem zusätzlichen Bonus exorbitanter

Unterhaltskosten und ungenügender Mittel, um den plausiblen Sicherheitsrisiken, die das Land bedrohen, wirksam zu begegnen.

- Wir teilen unsere Grenzen mit befreundeten Ländern. Während deren Sicherheit unbestritten ist, birgt der Luftraum durchaus Risiken für unser Land. Bedrohungen aus der Luft gehen jedoch in erster Linie von Drohnen, Lenkwaffen, ballistischen Raketen und Marschflugkörpern aus, nicht
aber von Angriffen durch Kampfflugzeuge. Terroristische Angriffe sind
möglich, selbst instabile Staaten und kleinere Gruppen können über solche
Mittel verfügen und sie in einer hybriden Kriegführungslogik gegen uns
einsetzen. Gegen solche durchaus plausiblen Bedrohungen sind die neuen
Kampfflugzeuge vollkommen machtlos. Den wirksamsten Schutz bietet
hier ein leistungsfähiges, integriertes, bodengestütztes Luftverteidigungssystem. Die Schweiz muss heute vor allem hier investieren.

- Zu den tatsächlichen Sicherheitsbedrohungen, denen unser Land
ausgesetzt sein könnte, gehören Terrorismus, Kriminalität, Cyber- und klimabedingte Extremereignisse: Erdrutsche, Überschwemmungen usw.,
ganz zu schweigen von Gesundheitskrisen im Zusammenhang mit Pandemien. In all diesen Bereichen mangelt es an ausreichenden Ressourcen. Es
geht darum, uns besser gegen diese plausiblen Risiken zu schützen, indem
wir die Mittel dort priorisieren, wo sie tatsächlich gebraucht werden – allem anderen voran, um unsere Ziele in der Klimafrage zu erreichen.

- Mit einer Kombination aus «einfachen» Kampfflugzeugen, die für
luftpolizeiliche Einsätze in Friedenszeiten ausreichend sind, gleichzeitig
unsere FA-18-Hornet schonen und so langfristig einsatzbereit halten, und
einem leistungsfähigen bodengestützten Verteidigungssystem könnte
unser Land den Luftraum weit wirksamer für insgesamt 4 Milliarden statt
8 Milliarden Franken schützen – doppelte Sicherheit zum halben Preis.

- Mit weniger Geld besser zu sein, ist eine glückliche Gelegenheit.
Denn der Finanzbedarf des Landes ist heute enorm: Renten, AHV, Verbilligung der Krankenkassenprämien, Investitionen für die Energiewende,

wirtschaftliche und soziale Folgen der Covid-19-Krise, mehr und bessere internationale Zusammenarbeit zur Erreichung der Nachhaltigkeitsziele der UNO-Agenda 2030, umfassende Stärkung des Systems kollektiver Sicherheit der UNO, Multilateralismus, Rüstungskontrolle und Abrüstung – all dies bisher ungenügend berücksichtigte, unverzichtbare Investitionen in Frieden und Sicherheit.

Die Argumente sind klar und stichhaltig, und die Schlussfolgerungen der Acamar-Studie können uns in unserer Analyse der vom Bundesrat vorgeschlagenen Beschaffung neuer Kampfflugzeuge nur unterstützen: **Sagen wir NEIN zur unnötigen Beschaffung luxuriöser, hochmoderner, in Beschaffung und Unterhalt teurer, umweltbelastender und lärmintensiver Kampfflugzeuge, die unser Land aufgrund seiner sicherheitspolitischen und geopolitischen Lage nicht braucht. Der Schutz unseres Luftraums geht auch weit kostengünstiger und weit wirksamer...**

8.3 Anhang 3: Zehn Thesen der Sozialdemokratischen Fraktion zur Sicherheitspolitik der Schweiz

Sicherheit allein schafft keine Lebensqualität und Freiheit. Es gibt aber keine Lebensqualität und Freiheit ohne Sicherheit. Ein gutes Leben ist ohne Sicherheit nicht möglich. Deshalb setzt sich die SP für Sicherheit ein – in der Schweiz und weltweit, was sich gegenseitig bedingt.

Die öffentliche Sicherheit in der Schweiz verbessert sich seit Jahrzehnten. War – um ein Beispiel zu nennen – in den Jahren 2007/08 die Jugendgewalt in aller Leute Mund, so hat sich seit dem Höhepunkt im Jahre 2010 die Anzahl Jugendstrafurteile mehr als halbiert. Grundlage dieses Erfolges bildete ein intelligenter Mix von Repression und Prävention, wie ihn der SP Parteitag 2008 in Aarau in einem ausführlichen Konzeptpapier gefordert hat.

Es ist weniger die öffentliche Sicherheit als die internationale Entwicklung, die Anlass zu grosser Sorge gibt. Der Krieg rückt an die Ränder Europas heran, der Terrorismus überschreitet diese. Noch nie seit 1945 haben Regionalkonflikte und Perspektivlosigkeit so viele Menschen in die Flucht getrieben wie heute. Die Verletzlichkeit unserer Gesellschaft nimmt angesichts grosser Cyber-Risiken und Abhängigkeit von kritischen Infrastrukturen zu. Die Rückkehr aggressiver Nationalismen, vermehrte internationale Spannungen und die Aushöhlung von Rüstungskontrollabkommen gefährden die auf Völkerrecht und Multilateralismus aufgebaute Weltordnung.

Die SP Fraktion in der Bundesversammlung fordert deshalb, dass die Schweiz endlich zu einer Sicherheitspolitik übergeht, die sich an den realen Herausforderungen orientiert:

1. Sicherheitspolitik ist mehr als Militärpolitik

Die Gefahren von heute und morgen lassen sich nicht mit Panzern, Artillerie und Minenwerfern an der Landesgrenze abhalten. Wir brauchen ein umfassendes Verständnis von Sicherheit, das moderne Sicherheitsrisiken wie die zivilisatorisch-technische Verletzlichkeit moderner Gesellschaften, die Handlungsfähigkeit des multilateralen Systems und die Zukunftsfähigkeit des globalisierten Produktions- und Konsummodells mit einschliesst. Sicherheitspolitik umfasste fünf Elemente: Aussenpolitik, Friedensförderung, Entwicklung, Cybersicherheit und Verteidigung.

2. Förderung einer globalen, auf Regeln beruhenden Ordnung

Der Aussenpolitik der Schweiz kommt in der Sicherheitspolitik eine Schlüsselrolle zu. Die Schweiz ist kein Kleinstaat, sondern verfügt über bedeutenden Einfluss. Als Wirtschaftsmacht und Geldgeberin der UNO gehört die Schweiz weltweit zu den Top-20, als Finanz- und Rohstoffhandelsplatz gar zu den Top-5. Auch das internationale Genf reiht sich in die obersten Ränge ein, wo Weltpolitik gemacht wird. Unsere Sicherheit hängt davon ab, ob die Schweiz sich die daraus bietenden Möglichkeiten für eine aktive Aussenpolitik nutzt: für eine globale, auf Regeln beruhende Ordnung; für multilaterale Rüstungskontrolle, ein Atomwaffenverbot und europäische und globale Sicherheitszusammenarbeit. Die Kandidatur für einen Sitz im UNO-Sicherheitsrat 2023/24 schafft Gelegenheit, dies einer breiten Öffentlichkeit aufzuzeigen und die Aussensicherheitspolitik deutlich zu intensivieren.

3. Die Entwicklungszusammenarbeit auf fragile Kontexte ausrichten und die Politikkohärenz für Entwicklung erhöhen

Traditionelle, technisch ausgerichtete Entwicklungszusammenarbeit (EZA) führt angesichts der Vielfalt von Armutsrisiken – einschliesslich Gewalt, Konflikt und fehlende Rechtsstaatlichkeit – nicht zum Erfolg. Entwicklung und Sicherheit gehören zusammen, um Armut wirksam zu bekämpfen und nachhaltige Strukturen für Frieden und Entwicklung aufzubauen. Dies ist auch eine Kernbotschaft der UNO Agenda 2030 und ihrem Ziel 16. Die Zonen von Gewalt, Konflikt und fehlender Rechtsstaatlichkeit müssen verkleinert und schliesslich beseitigt und Korruption sowie unlautere und unrechtmässige Finanzflüsse wirksam bekämpft werden. Rohstoffabbau und -handel bilden eine der wichtigsten Ursachen von Korruption, extremer Ungleichverteilung des Reichtums, Gewalt und Migration. Aus diesen Gründen sowie mit Blick auf die Bekämpfung der Ursachen von Extremismus und Terrorismus ist entscheidend, die Politikkohärenz für Entwicklung zu erhöhen. Konfliktvermindernde Interventionsformen der EZA und deren Ausrichtung auf fragile Kontexte sind zu verstärken, die Waffenausfuhr in diese Zonen ist zu stoppen. Für Afrika, wo eine demografische Zeitbombe tickt, ist ein massiver Marschallplan zu lancieren.

4. Zivile und militärische Friedensförderung auf allen Ebenen

Seit den zaghaften Anfängen vor 25 Jahren hat sich die schweizerische Friedensförderung zu einem anerkannten und ausbaufähigen Instrument entwickelt, das Gewaltrisiken minimiert, Konflikte eindämmt, zur Konfliktlösung beiträgt und beim Aufbau nachhaltiger inklusiver Ordnungen mitwirkt. Dabei ist die Rolle der Frauen deutlich auszubauen, wie dies die Resolution 1325 des UNO-Sicherheitsrats über Frauen, Frieden und Sicherheit fordert. Neben zivilen Fachleuten braucht es gut ausgebildete Militär- und Polizeikräfte, um Reformen des Sicherheitssektors zu unterstützen, Kombattante zu entwaffnen und in die Gesellschaft zurückzuführen, explosive Kriegsrückstände zu beteiligen, kleine und leichte Waffen zu kontrollieren und zu Friedensmissionen beizutragen. Bedarf besteht auch für psychosoziale Trauma-Arbeit, die Stärkung der Zivilgesellschaft, den Schutz von Menschenrechtsverteidigern und Wahlbeobachtung. Kurz: Es braucht eine explizite Strategie der Friedensförderung mit gut ausgestatteten und aufeinander abgestimmten zivilen und militärischen Instrumenten, die zur internationalen Sicherheit und damit zur Sicherheit der Schweiz beiträgt.

5. Europäische Sicherheitszusammenarbeit ausbauen und die Verfügbarkeit von Waffen weiter einschränken

Die Sicherheit der Schweiz hängt entscheidend von der Sicherheit in Europa ab. Die Schweiz muss mehr dazu beitragen, die Sicherheit in

Europa zu erhalten und zu verteidigen. Die Assoziation der Schweiz an die Partnerschaft für den Frieden, an die Europäische Verteidigungsagentur und an Schengen weisen den Weg: Mehr als bisher muss die Schweiz diese Plattformen nutzen, um Projekte im gemeinsamen Sicherheitsinteresse durchzuführen und eine Rolle im Aufbau einer EU-geführten europäischen Verteidigungspolitik zu finden. Zudem geht es darum, europaweit die Verfügbarkeit von Handfeuerwaffen einzudämmen. Die Schweiz machte damit beste Erfahrungen. Dank der schrittweisen Eindämmung der Verfügbarkeit von Militär- und Sportwaffen in privaten Haushalten konnte in den letzten zwei Jahrzehnten in der Schweiz die Anzahl Schusswaffentote mehr als halbiert werden. Auf diesem Weg müssen wir weitergehen.

6. Genf zum globalen Zentrum für Cyber-Sicherheit machen und Cyber-Sicherheit unter ziviler Führung massiv stärken

Der Cyber-Sicherheit kommt in all ihren drei Dimensionen höchste Bedeutung zu: Cyber als (Kriegs-)Waffe, Cyber als Instrument von Vandalismus und Kriminalität und das Internet als Raum ohne weltweit gültige Regeln, was missbräuchliche Nutzungen ermöglicht. In all diesen drei Dimensionen muss die Schweiz aussenpolitische Initiativen ergreifen, um Genf zu einem globalen Zentrum für Cyber-Sicherheit zu machen. Auch im Inland besteht hoher Nachholbedarf beim Aufbau eines Kompetenzzentrums für Cyber-Sicherheit unter ziviler Führung und zur Klärung der Zuständigkeiten und Verantwortlichkeiten. Dringend erforderlich sind zudem massive Investitionen in die Ausbildung von Fachleuten für Cyber-Sicherheit.

7. Verteidigung ja, aber nicht von Territorien, sondern der menschlichen Sicherheit

Ein militärischer Angriff auf die Schweiz ist höchst unwahrscheinlich. Denn die Schweiz ist blinder Passagier der Sicherheit, welche EU und NATO in Europa gewährleisten. Das Bild der isolierten Schweiz, die im Alleingang militärisch hochgerüstet alle Gefahren an der Landesgrenze abwehrt, ist als historischer Mythos falsch, dient heute nur für Folklore und schürt mit Blick auf die tatsächlichen Risiken gefährliche Illusionen. Die Armee muss umfassend ab- und umgebaut werden, damit sie auf die tatsächlichen Risiken vorbereitet ist. Priorität kommt stets der Polizei zu, deren Bestände erhöht werden müssen. Die Armee hat die Aufgabe, die Polizei beim Schutz der menschlichen Sicherheit und des staatlichen Gewaltmonopols zu unterstützen, in der Friedensförderung mitzuwirken und im Sinne einer letzten Versicherung zur kooperativen Verteidigung beizutragen.

8. Mehr Effizienz und Effektivität im Militär, um Mittel für wirksamere Investitionen in unsere Sicherheit freizusetzen

Die «Weiterentwicklung der Armee» (WEA) hat die aktive Armee von 120 000 auf 140 000 Angehörige vergrössert. Ein Massen-Infanterieheer ist aber ungeeignet, um die skizzierten militärischen Herausforderungen in hybriden Konfliktsituationen zu meistern. Die Armee muss auf höchstens 60 000 Angehörige verkleinert, die Betriebskosten massiv gesenkt und die Investitionen in zukunftsgerichtetes Material gelenkt werden. Statt Folklore und Schule der Nation sind Professionalität, Effizienz und Effektivität gefragt. Die Schweizer Armee muss im aktuellen Aufbau einer europäischen Verteidigungspolitik eine Rolle finden und die militärische Friedensförderung deutlich ausbauen, indem diese zu einem strukturbildenden Element wird. Die Nutzung der FA-18 soll über 2035 hinaus verlängert werden, bevor über das ordentliche Budget ein Ersatzflugzeug beschafft wird. So können die Armeeausgaben auf 4 Milliarden pro Jahr begrenzt werden. 2014 waren es 4.1 Milliarden. Die im Finanzplan vorgesehenen 5.26 Milliarden per 2021 sind viel zu hoch.

9. Viel mehr Mittel für Aussen-, Friedens- und Entwicklungspolitik sowie dem Cyber-Bereich

Die überbordenden Ausgaben für die Armee gehen nicht zuletzt auf Kosten der Aussen-, Friedens- und Entwicklungspolitik sowie den Cyber-Bereich, die alle weit wirksamer zur Sicherheit der Schweiz beitragen als ein Massenheer. Durch Umverteilung kann so für das gleiche Geld viel mehr Sicherheit produziert werden. Auf mittlere Frist müssen die Ausgaben für die öffentliche EZA von heute rund 3.5 auf mindestens 5 Milliarden erhöht werden, was ungefähr dem aussenpolitisch seit langem versprochenen Anteil der öffentlichen EZA am Bruttonationaleinkommen BNE von 0.7% entsprechen würde. Auch die Mittel für die zivile und militärische Friedensförderung und für die Cyber-Sicherheit sind massiv zu erhöhen.

10. Ausbau von Zivildienst, Stärkung der Zivilgesellschaft und Verbreiterung der Wissensbasis für Frieden und Sicherheit

Umfassende Sicherheit braucht mehr als militärisches Personal. Der Zivildienst kann und soll in der Schaffung von Frieden und Sicherheit eine wichtige Rolle spielen, etwa in der nachhaltigen Betreuung von Flüchtlingen und in Einsätzen im Ausland. Wo Gewalt und Instabilität verbreitet sind, gibt es keine erfolgreiche Konflikttransformation ohne starken Einbezug der Zivilgesellschaft, was auch eine entsprechende Mobilisierung und Stärkung der schweizerischen Zivilgesellschaft erfordert. Die Wissensbasis für Frieden und Sicherheit muss weiter ausgebaut und vermehrt in die schweizerische Politik und Gesellschaft getragen werden. Die Genfer Zentren, das Haus für den Frieden in Genf, das Zentrum für Sicherheitsstudien an der ETH, Swisspeace und die Friedens- und Konfliktforschung an der Uni Basel müssen deutlich ausgebaut und um ein Beobachtungszentrum ergänzt werden, das die Erreichung der Nachhaltigkeitsentwicklungsziele der UNO Agenda 2030 überprüft.

Diese Thesen wurden am 27. Februar 2018 von der sozialdemokratischen Fraktion in der Bundesversammlung verabschiedet.

Literaturverzeichnis

Weiterführende Studien

ARGOUNES, Fabrice : *Théories de la puissance*. Paris, CNRS Editions, Biblis, 2018.

ARPAGIAN, Nicolas : *La cybersécurité*. Paris, Presses Universitaires de France, 2016.

BADIE, Bertrand et VIDAL, Dominique : *Un monde d'inégalités : L'état du monde 2016*. Paris, Éditions La Découverte, 2015.

BADIE, Bertrand et VIDAL, Dominique : *Nouvelles guerres : L'état du monde 2015*. Paris, Éditions La Découverte, 2014.

BERTRAND, Maurice et DONINI, Antonio : *L'ONU*. Paris, Éditions La Découverte, 2015.

BOILLOT, Jean-Joseph et DEMBINSKI, Stanislas : *Chindiafrique, la Chine, l'Inde et l'Afrique feront le monde de demain*. Paris, Odile Jacob, 2013.

BONIFACE, Pascal : *Comprendre le monde*. Paris, Armand Colin, 2017.

BONIFACE, Pascal : *La géopolitique : 42 fiches thématiques et documentées pour comprendre l'actualité*. Paris, Eyrolles, 2016.

BONIFACE, Pascal : *L'année stratégique 2020, analyse des enjeux internationaux*. Paris, Armand Collin 2019.

BOSCHETTI, Pietro : *Les Suisses et les nazis : Le rapport Bergier pour tous*. Carouge-Genève, Éditions Zoé, 2010.

BOULANGER, Philippe : *Géographie militaire et géostratégie*. Paris, Armand Colin, 2011.

BRAILLARD, Philippe et DJALILI, Mohamed-Reza : *Les relations internationales*. Paris, Presses universitaires de France, 10e édition, 2016.

CATTARUZZA, Amaël et SINTÈS, Pierre : *Géopolitique des conflits*. Paris, Bréal, 2016.

CHALIAND, Gérard : *Vers un nouvel ordre du monde*. Paris, Éditions du Seuil, 2013.

DAVID, Olivier : *La population mondiale : Répartition, dynamique et mobilité*. Paris, Armand Colin, 2015.

DELHEZ, Jean-Claude : *Chars d'assaut : un siècle d'imposture*. Paris, Éditions Jourdan, 2017.

DERENNE, Jean-Philippe et BRICAIRE, François : *Pandémie la grande menace*. Paris, Fayard, 2005.

Général DESPORTES, Vincent : *La guerre probable, Penser autrement*. Paris, Economica, 2008.

DIECKHOFF, Alain et PORTIER, Philippe : *Religion et politique*. SciencesPo Les Presses, 2017

DUMORTIER, Brigitte : *Géopolitique de l'Afrique et du Moyen-Orient*. Paris, Nathan, 2017.

DURIEUX, Benoît : *La Guerre par ceux qui la font*. Monaco, Éditions du Rocher, 2016.

DURIEUX, Josette et PARMENTIER Florent : *La Moldavie à la croisée des mondes*. Paris, Non Lieu, 2019.

GARON, Richard : *Penser la Guerre au futur*. Québec, Presses universitaires Laval, 2016.

GÉRÉ, François : Pourquoi le terrorisme ? Paris, Larousse, 2006.

GIORGINI, Didier : *Géopolitique des religions*. Paris, Presses Universitaires de France, 2016.

HUGON, Philippe : *L'Afrique, défis, enjeux et perspectives en 40 fiches pour comprendre l'actualité*. Paris, Eyrolles, 2017.

INSEL, Ahmet : *La nouvelle Turquie d'Erdogan*. Paris, Éditions La Découverte, 2017.

KEMPF, Olivier : *L'OTAN au XXIe siècle, la transformation d'un héritage*. Paris, Éditions du Rocher, 2014.

LORENZI, Jean-Hervé et DE BOISSIEU, Christian : *Et si le soleil se levait à nouveau sur l'Europe ?* Paris, Fayard, 2013.

LORRAIN, Pierre : *L'Ukraine, une histoire entre deux destins*. Paris, Éditions Bartillat, 2019.

LUIZARD, Pierre-Jean : *Chiites et Sunnites. La grande discorde en 100 questions*. Paris, Éditions Tallandier, 2017.

MARCHAND, Pascal : *La Russie par-delà le bien et le mal*. Paris, Éditions Le Cavalier Bleu, 2017.

MARIE, Jean-Jacques : *La Russie sous Poutine*. Lausanne, Payot, 2016.

MARSHALL, Tim : *Prisonniers de la Géographie. Quand la géographie est plus forte que l'histoire*. Paris, Jean-Claude Lattès, 2018.

MARTIN-GENIER, Patrick : *L'Europe a-t-elle un avenir ? Une approche critique de la construction européenne*. Paris, Studyrama, 2017.

MERZ, Fabien: *Die Schweizer Kandidatur für den UNO-Sicherheitsrat*. Zürich, CSS-Analysen zur Sicherheitspolitik Nr. 262, Mai 2020.

MOREAU DEFARGES, Philippe : *Une histoire mondiale de la paix*. Odile Jacob, Paris, 2020.

MORILLOT, Juliette et MALOVIC, Dorian : *La Corée du Nord en 100 questions*. Paris, Edition Tallandier, 2016.

MOTTE, Martin : *La mesure de la force. Traité de stratégie de l'école de guerre*. Paris, Edition Taillandier, 2018.

QUILES, Paul : *Arrêtez la bombe !* Paris, Éditions du Cherche midi, 2013.

RAUFER, Xavier : *Cyber-criminologie.* Paris, CNRS Éditions, 2015.

ROCHE, Nicolas : *Pourquoi la dissuasion.* Paris, Presses Universitaires de France, 2017.

ROUILLER, Jean-Paul et RUCHTI, François : *Le djihad comme destin : La Suisse pour cible ?* Lausanne, Éditions Favre, 2016.

SARKAR, Rumu : *Une symétrie de la peur. Un nouvel équilibre mondial des puissances ?* Paris, éditions CLD, 2008.

SATGE, Vincent et LAURENT, Jean-Marc : *Conflictualités modernes et postures de défense.* Paris, La documentation Française, 2018.

SCHWOK, René : *La construction européenne contribue-t-elle à la paix ?* Collection le savoir suisse. Presses polytechniques et universitaires romandes, 2016.

SERVENT, Pierre : *Extension du domaine de la guerre.* Paris, Robert Laffont, 2016.

SUN TZU : *L'art de la guerre.* Synchronique Éditions, 2018.

TAILLAT, Stéphane : *Guerre et stratégie, approches, concepts.* Paris, Presses Universitaires de France, 2015.

TAIILAT, Stéphane, CATTARUZZA, Amaël et DANET, Didier : *La cyberdéfense. Politique de l'espace numérique.* Armand Collin, 2018.

TERTRAIS, Bruno : *Le choc démographique.* Paris, Odile Jacob, 2020.

VAISSE, Maurice : *Relations internationales depuis 1945.* Paris, Armand Colin, 2015.

VOUILLOUX, Jean-Baptiste : *La démilitarisation de l'Europe, Un suicide stratégique ?* Paris, Argos, 2013.

ZAJEC, Olivier : *Introduction à l'analyse géopolitique : Histoire, outils, méthodes.* Monaco, Éditions du Rocher, 2016.

Statistiken

TIAN, Nan; KUIMOVA, Alexandra; LOPES DA SILVA, Diego; WE-
ZEMAN, Pieter D.; WEZEMAN, Siemon T.: *Trends in World Military
Expenditure, 2019*. Stockholm, SIPRI Fact Sheet, April 2020.

TIAN, Nan; FLEURANT, Aude; WEZEMAN, Pieter D.; WEZEMAN,
Siemon T.: *Trends in World Military Expenditure, 2016*. Stockholm,
SIPRI Fact Sheet, April 2017.

Grundlagenberichte der Schweizer Behörden und Wissenschaft

Brennpunkt Klima Schweiz. Grundlagen, Folgen und Perspektiven.
Akademien der Wissenschaften Schweiz, Swiss Academies Reports 11
(5), November 2016.

Die Sicherheitspolitik der Schweiz. Bericht des Bundesrates vom
24. August 2016.

*Luftverteidigung der Zukunft: Sicherheit im Luftraum zum Schutz der
Schweiz und ihrer Bevölkerung.* Bericht der Expertengruppe Neues
Kampfflugzeug, Eidgenössisches Departement für Verteidigung, Bevölke-
rungsschutz und Sport (VBS), 2017.

Planungsbeschluss über die Beschaffung neuer Kampfflugzeuge. Botschaft des Bundesrates vom 26. Juni 2019.

*Zukunft der Bodentruppen. Grundlagenbericht über die Weiterentwick-
lung der Fähigkeiten der Bodentruppen,* Eidgenössisches Departement für
Verteidigung, Bevölkerungsschutz und Sport (VBS), 2019.

Sicherheit der Schweiz. Jährlicher Lagebericht des Nachrichtendienstes
des Bundes.

Grundlagendokumente der Sozialdemokratischen Partei der Schweiz
(alle abrufbar auf der Website www.sp-ps.ch)

Sicherheit durch internationale Zusammenarbeit. Positionspapier, verabschiedet von der Fachkommission für Frieden und Sicherheit der SP Schweiz am 13. Juni 2017.

NEIN zu neuen Kampfjets, JA zur Verlängerung der Nutzungsdauer der bestehenden Flotte. Konzeptpapier Luftwaffe der SP Schweiz, verabschiedet von der Delegiertenversammlung in Olten am 14. Oktober 2017.

Zehn Thesen zur Sicherheitspolitik der Schweiz, verabschiedet von der SP Fraktion in der Bundesversammlung am 27. Februar 2018.

Vernehmlassung zum Planungsbeschluss zur Erneuerung der Mittel zum Schutz des Luftraums. Stellungnahme der Geschäftsleitung der SP Schweiz vom 20. September 2018.

Air2030plus. Analyse zur Schweizer Luftraumverteidigung. Dover (Delaware), Acamar Analysis and Consulting, Oktober 2019.

NEIN zu Luxus-Kampfjets. Argumentarium gegen eine unnötige Beschaffung für 6 Milliarden Franken. SP Schweiz, August 2020.

WEB-Seiten

ATMANI, Mehdi : *La lune de miel secrète entre la Suisse et le renseignement international,* Zeitung Le Temps online, 20. August 2015.
https://www.letemps.ch/suisse/lune-miel-secrete-entre-suisse-renseignement-international [abgerufen am 25.08.2020].

FLURY-DASEN, Eric. *Hotz-Linder-Abkommen.* Historisches Lexikon der Schweiz, 17. November 2006.
https://hls-dhs-dss.ch/de/articles/048308/2006-11-17 [abgerufen am 25.08.2020].

Inhaltsverzeichnis